# 老爸的幸福一元起標：
# 讓老爸的價值越來越高

## 前言

我叫周常生，除了工作，我的三個女兒就是我生活的全部——因為我是一個單親爸爸。

小女兒兩歲那年，老婆因為覺得我沒出息，混來混去還是一家公司的一名後勤部的小主管，所以離開了我。幸好，她為了要去打拼自己的事業，所以把三個女兒都留給了我。如果當時她要和我爭撫養權，我很可能真的會失去我的寶貝女兒們，因為我最不擅長的就是「爭」。這也是我做到現在也僅僅是從後勤部的小主管變成了後勤處的經理的主要原因之一。不過我也已經快要退休了，這些已經都不重要了。

忘了介紹，我的三個女兒，從大到小分別叫希婷、希婧、希媛。

希婷是老大，最懂事，也最會體諒我這個做老爸的。她還在念大學的時候就開始利用課餘的時間打工，賺了錢從來不亂花，總是用來給兩個妹妹買書還有給我這個老爸買件新衣服。她現在在一家建築公司當會計。

老二希婧，最聰明，也最潑辣。她從來不允許任何人說我們家的閒話，記得她們三個都還小的時候，有一次希媛哭著從外面跑回來，希婧連忙問她：「你怎麼了？」希媛一邊哭一邊說：「別的小朋友都欺負我，說我是沒有媽媽管的野丫頭。」

我連忙安慰希媛說：「雖然媽媽不在了，但是你還有爸爸和姐姐啊，怎麼會是野丫頭呢？」這個時候，希婧已經跑出去了，我完全來不及阻止。

過了二十分鐘，希婧拉著四、五個小朋友一起回來，那幾個小朋友一字排開站在希媛的面前，集體向希媛道歉說：「周希媛，對不起。我們錯了，我們不該亂說妳。」

到現在我都還是不知道，希婧到底是怎麼辦到的——所以，毫無意外地，希婧順利地成為了一名律師——雖然現在還是見習生。

最後是小女兒希媛，最糊塗，但是她從小卻總是有出人意料的好運氣。比如說她忘記寫作業的那天一定會發生一點什麼事情，以至於老師忘記了要檢查作業；過馬路不會看紅綠燈，也不看車，可是她就是能提前兩秒鐘走到沒有車的地方；最經典的是她煮了麵之後忘記關火，結果居然停瓦斯了……諸如此類的等等。我和她的兩個姐姐都覺得，如果不是因為她自己的好運，她一定沒有辦法長大到現在成為一名主修心理學的大學生——呵呵，今年剛剛考上的。

我很寶貝我的三個女兒，她們也很愛我。雖然生活中難免有矛盾，但是所有的一切都不能影響我們是一個幸福的單親家庭！

# 目錄

## 老爸的幸福1元起標

：：讓老爸的價值越來越高：：

老爸的幸福一元起標：

# 讓老爸的價值越來越高

CHAPTER 1

# 家有三千金，一金一煩勞

「三個女兒，誰知道她們為什麼連讓我抱一下都不願意？以前不是很喜歡說：『爸爸，抱抱！』嗎？現在那種嫌惡的眼神是怎麼回事？」

老爸的幸福一元起標：

# 讓老爸的價值越來越高



一九九X年X月X日，希婷十二歲，希婧十歲，希媛七歲。

週末，公司臨時通知我加班，我只好把三個女兒留在家裡。出門之前，我交待希婷：「冰箱裡面有吃的，如果妳和妹妹們餓了就把吃的放到微波爐裡面加熱，老爸教過希婷怎麼用微波爐了，希婷還記得嗎？」

希婷點點頭：「我記得。」

「希婧和希媛也過來……妳們說，如果有什麼急事要怎麼辦？」我接著問。

「我到隔壁找張阿姨。」希婷很認真。

「我打電話給老爸。」希婧很嚴肅。

「我在沙發上坐好。」希媛很可愛。

「非常好！那如果有陌生人敲門，一定要闖進來怎麼辦？」我繼續問。

「報警！」三個人睜著水汪汪的大眼睛，整齊一致地回答我。

我滿意地點頭，然後說：「爸爸加班是為了能夠賺多一點錢，有錢

# CHAPTER 1 家有三千金，一金一煩勞

了我們就可以去動物園玩了。所以妳們要乖乖地待在家裡，讓爸爸能夠安安心心的加班，好嗎？」

「好！」再一次整齊地回答。

「那爸爸要走了。來給爸爸抱抱，然後說『再見』！」

三個小身軀爭先恐後地擠過來。

「爸爸，你要早點回來！」

「爸爸，路上小心哦！」

「爸爸，我會想你的。雖然我知道你也會想我，但是不要太想我哦，因為不能影響你的工作。」

聽完她們天真的童言，我一邊笑，一邊穿上外套，出了門……

她們小時候，我一個人帶著她們，家裡的經濟條件不好，我沒辦法帶她們去她們最喜歡的海洋公園和遊樂園玩，更沒有足夠的時間陪她們。所以平時，最能使她們三個開心的遊戲就是猜拳，因為贏的人可以讓爸爸抱抱——因為爸爸要賺錢養家，可以抱她們的時間不多；也因為只有一個爸爸，一次只能抱一個人。所以，開心的時候要爸爸抱抱，難過的

時候也要爸爸抱抱。

看著三個可愛的小公主，噘著小嘴，奶聲奶氣地說：「爸爸，抱抱！」，有再多的煩惱都忘掉了。至少我覺得，在那個時候「爸爸抱抱」就是她們最大的幸福——當然也是我最大的幸福。

# 01 總是失戀的希婧

說實話，不是因為希婧是周常生自己的女兒才誇她——希婧真的長得很漂亮，白白的皮膚，立體感很強的五官，還有一頭飄逸的長髮，高挑的身材，小時候經常有人把她當成混血兒。從小到大追她的男生起碼可以圍著百貨公司大樓排兩個圈。

經過她的「精挑細選」，高中二年級的時候，希婧交了第一個男朋友帥哥Ａ。據說（希婷說漏了嘴）這個男生是希婧眾多追求者裡面綜合素質最高的。可是，短短的三個月過後，兩個人就分手了。確切地說是希婧被甩了，據說（希婷又說漏了嘴）分手的時候帥哥Ａ說：「我無法接受一個性格比男人還要強的女生。」這次分手並沒有對希婧造成太大的影響，她只覺得是因為自己還不懂得如何看男人，如何選擇一個適合自己的男人。

然後到了希婧高中畢業的暑假，她又展開了自己的第二段戀情。這次的對象（資訊來源就不用說了）是一個性格極其溫和的帥哥B，並且他被希婧電到的原因就是因為覺得希婧很有個性。

希婧信心滿滿地和帥哥B上山下海地談戀愛……半年後，兩個人又吹了。分手的時候，帥哥B說：「我喜歡有個性的女生，但是如果對方有個性到得讓我完全沒個性，那就不行了。」

希婧這次受的打擊就比較大了，每天吃不下飯，睡不著覺。周常生請了假每天陪她，給她煲湯，抱著她讓她盡情地哭，告訴她「就算沒有了男朋友，但是妳還有永遠不會拋棄妳的老爸」……過了一個多星期，她才漸漸地好起來。

周常生的假期休完，又必須開始上班那天早上，希婧為他做了早餐，還送他到電梯門口。在電梯門口的時候，她給了周常生一個大大的擁抱，然後很煽情地說：「老爸，謝謝你。」

希婧現在的男朋友名字叫 Jason，是她大學時代的學長。他們從希婧

# CHAPTER 1 家有三千金，一金一煩勞

剛上大三的時候就開始交往，一直到現在，已經兩年多了。這是希婧談得最久的一次戀愛，周常生甚至覺得希婧可能會和 Jason 結婚，雖然他並不怎麼喜歡這個 Jason。不過兒孫自有兒孫福，只要希婧喜歡就好。

一個很平常、很普通的下午。下班了，周常生像平常一樣買菜回家，做了一桌子的菜。希婷和希媛都已經到家了，希婧還沒有回來。周常生正想給她打個電話，問問她是不是有事不能回來，家裡的電話就響了。

希媛跑過去接了電話，只聽見她嗯嗯啊啊地說了兩句，電話就掛斷了。

希媛轉過來說：「二姐叫我們不用等她吃飯了，她待會兒吃過了再回來。」

「哦，那我們開飯吧。」周常生開始幫她們盛飯……

他們還沒有吃完，希婧就回來了。她看了正在吃飯的三個人一眼，也不說話，整個人看起來死氣沉沉的。

他們三個被她的樣子嚇到了，呆呆的，都捧著碗不知道說話。最後，還是周常生先反應過來，問了一句：「希婧……妳怎麼了？」

希婧忽然「哇——」地一聲哭了出來，然後淚水就止不住了……

原來今天晚上 Jason 對希婧提出了分手。他說希婧個性太火爆了，經常因為一些很小的事情就和他發脾氣、吵架。平常他可以包容，但是希婧不顧場合地給他擺臉色，他覺得希婧沒有給他足夠的尊重，完全就是在無理取鬧。

周常生想：Jason 說的全部都是屁話！希婧性格比較直、比較倔強，周常生承認。但是絕對不會到無理取鬧的程度。分手還不都是因為最初的新鮮感，以及有個美女常伴身邊的滿足感過去了。然後就開始嫌希婧不夠「溫柔」和「善解人意」了。希婧都和 Jason 在一起兩年了，現在 Jason 才想起來說他需要尊重了，那之前的時間他幹嘛去了？

可是，希婧的情緒真的很不好。這兩天從律師事務回來，她就把自己關在房間裡，叫她吃飯也不出來，總是說自己不餓。周常生很擔心她的身體和精神狀態，所以專門給她煲了一鍋蓮子鯽魚湯——既清火又滋補，順便還想陪她聊一聊。周常生可是一點也不吝嗇於用他溫暖的懷抱來安慰他親愛的女兒。

# CHAPTER 1 家有三千金，一金一煩勞

「希婧……」周常生端著盛好的湯去敲希婧的門，「老爸給妳燉了蓮子鯽魚湯。快開門吧，我端進去給妳喝。」

「老爸，不用了，我不想喝，你讓我多休息一下吧。」房間裡面傳來希婧有氣無力的聲音。

「希婧……飯不吃就算了，連湯都不喝妳怎麼受得了呢？明天白天妳還要上班的。」

「那你就放在廚房吧。我現在真的不想喝，一會兒我想喝了自己去廚房喝。」

「不行，我不相信妳。妳別以為這招能騙過我。以前妳失戀的時候也是這個樣子，總是說妳餓了自己知道要吃東西，結果哪次吃了？還不是要妳大姐、小妹和我逼著妳，妳才吃。而且逼著妳，妳也只吃一點點的東西，還要我們每天一到吃飯的時間就守著妳，一定要盯著妳，要求妳才會每一頓都比上一頓多吃一點點。而且每次妳不高興的時候只要老爸抱抱不是就能好起來嗎……」周常生正說得起勁，希婧的門卻突然打開了，驟然切斷了他的碎碎念。

「老爸，你贏了，我喝！」希婧說完就搶過周常生手裡的碗，一口氣把湯喝完，然後把碗放回到他的手裡。

「希婧，老爸陪妳聊聊吧，一個人悶著不好……」周常生把碗放在旁邊的櫃子上，伸手去抱希婧。

「老爸！」希婧推開周常生的擁抱，「你就讓我一個人待著，行不行！」

周常生失落地收回雙手，「以前妳難過的時候不是讓老爸抱抱之後很快就好了嗎？」

「老爸，謝謝你，請你看看我已經二十四歲了好不好？我已經不再是什麼事情都要老爸抱抱就會好的年齡了！」希婧有點歇斯底里了。

「可是……」周常生還想辯解。

「老爸，別管我了！明天我就好了！」希婧打斷周常生的話，直接關上了門，然後又徹底地安靜了。

周常生無奈地拿起櫃子上的空碗，再看看的希婧緊閉的房間門，最後只能慢慢地走回廚房，然後把該洗的洗了，該收拾的東西收拾了。

CHAPTER 1 家有三千金，一金一煩勞

女兒大了，成熟了，也有自己的想法了。老爸的安慰沒有用了……這天晚上，周常生怎麼都睡不著，對著電腦發了一夜的呆。

░░░░░

第二天早上，周常生起來的時候，還是忍不住先去希婧的房間看了看，結果她已經上班去了。

他歎了口氣，準備到廚房給自己做早餐。經過飯廳的時候卻看到桌子上已經擺好了一盤烤好的麵包、一個煎的黃橙橙荷包蛋，還有一杯仍然溫熱的牛奶——杯子下面壓著一張紙。周常生把紙從杯子下面抽出來，上面這樣寫著：

親愛的老爸：

昨天晚上我的情緒還不太好，跟你說話的口氣太重了，對不起啦！

我不是長大了就不需要你的愛和關懷了，只是現在，失戀對我來說，已經不是一件那麼難以面對的事情了。我承認，被人甩掉的滋味並不是

那麼好受的。但是我已經懂得接受自己的這種難受的情緒，它只是在提醒我，如果以後我不想再因為同樣的事情再來感受這樣的難過，那我就必須要改變自己。這些都是你教我的。我覺得我現在已經都能做到了，只是需要幾天的時間來過渡而已。

老爸給的愛，那麼重要，那麼豐富，不應該浪費在失戀這種『膚淺』的事情上面，老爸的強力「愛心抱抱」要留到更重要的事情上面再用。

老爸，你說對不對？

最愛老爸的希婧

ps.老爸，我把你昨天晚上熬的剩下的蓮子鯽魚湯喝完了，免得被大姐和小妹看到你專門給我熬湯會說你偏心，哈哈！

看完希婧的信，周常生嘿嘿地笑了。

就是說嘛，希婧怎麼可能會是一個亂發脾氣的人呢！哪怕是在她心情不好的時候，她都能很快意識到自己做得不夠好的地方，然後她都會馬上道歉。這樣的她怎麼可能是一個會無理取鬧的人呢？

周常生相信，希婧現在的感情不順利，只是因為屬於她的緣分還沒有到而已。在不久的以後她一定能夠遇到一個能真正懂她、愛他的好的男人！

**單親老爸的幸福策劃**

做老爸也需要與時俱進，孩子在不同的年齡段需要的關懷並不盡相同。只要懷著對孩子的信任，給他們自己提供一個安全、安靜的空間，這也是對孩子的一種愛的方式。

# 02 容易失控的希婷

《希婷日記》一九九X年X月X日　星期五　天氣：晴

今天天氣很好，可是我的心情卻一點也不好。因為今天老師把報考大學的志願表發下來了。學了十年畫畫了，我還想繼續學下去，想到大學還能繼續深造。可是老爸希望我學財務會計，因為這個科系出來很好找工作，薪水也比較高。

這十年來學畫畫的錢，都是老爸自己拼命加班又省吃儉用節約下來給我的。如果我到大學還要學習畫畫的花費還會高很多……我很想畫畫，但是我也不想爸爸過得那麼辛苦，更不想妹妹們因為我而失去一些做自己想做的事情的機會。所以我已經決定了要順從爸爸的建議，放棄畫畫，學會計。

# CHAPTER 1 家有三千金，一金一煩勞

雖然已經放棄了，但是今天真的要填志願了，我的心裡還是會覺得有點心酸，有點難受。可是看著老爸高興而期待的眼神，我還是只能把自己學畫畫的希望壓下去，在志願表上填上了「財務會計」。

……

《希婷日記》二〇〇X年X月X日　星期三　天氣：雨

我真的很討厭Mancy，報表做得好，她就說是她做的，不管出了大問題還是小問題，只要有問題就都說是我做的。大家都以為我就是一個只會犯錯，做什麼都很笨的新人。我還不能為自己辯解，一辯解Mancy她們一夥的人就會說我在為自己找藉口推卸責任。

為什麼我會這麼倒楣，三個月的見習期都必須跟著Mancy學習？她根本就什麼都不教我，全是我在自學！不對！為什麼我一定要聽老爸的，來這家「金通銀匯財務會計事務所」工作？財務公司的名字就一定要沾金帶銀嗎？土死了！也不知道是誰取的名字！就因為老爸有個朋友在這裡當一個和他一樣的小小的後勤處主管？他覺得只要有個熟人就萬事OK了，其實根本就沒有什麼幫助。反而礙著他朋友的面子，我做得不開心

也不好意思辭職！

David說可以介紹我去「程輝集團」財務部工作的，雖然做見習會計的薪水都差不多，但是「程輝」的水準明顯要高多了，就為了老爸開心滿意，又放棄了。我討厭自己！為什麼我對著老爸就說不出我真正的想法呢？

……

《希婷日記》——二〇〇X年X月X日　星期四　天氣：晴

氣死了！氣死了！氣死了！今天我第一次帶David回家吃飯，老爸居然完全不給David面子，也不給我留面子，直接問David：「如果你不是『小開』，你的爸媽沒有錢、沒有事業，你光靠你自己能夠做成什麼事？」

老爸什麼都不知道。他就只會擔心我們家太窮了，David家太有錢了，將來我會被看不起，會被他的家人和朋友嘲笑、欺負。拜託，這都是什麼年代了！的確是有很多那種嫌貧愛富的人，但是也有很多人不是啊。我早就見過David的爸爸、媽媽了，他們都是很好的人。他們都覺得，

## CHAPTER 1 家有三千金，一金一煩勞

我在單親家庭長大，還能培養出現在的氣質和能力，非常不錯。他們還很佩服老爸，一個男人帶大三個女兒是多麼的不容易。人家根本就不在乎家庭環境的問題，人家看重的是人自身的品質！才不像老爸。我真是不明白，老爸以前一直都是一個通情達理的人，為什麼現在會越來越尖銳了呢？

還好David很會自我安慰，也懂得安慰我，他說：「妳老爸一個人帶大三個女兒一定非常寶貝妳們。所以女兒帶男朋友回家了，意味著這個女兒可能將會跟著這個男人離開自己了，他也不知道這個男人到底好不好。因此，第一次見面，難免會有敵意，說話、提問也難免會苛刻一點。這些都是很正常的。我一定會用時間和我的實際行動來向妳爸爸證明，我是真心愛妳的，也是有能力讓妳快樂和幸福的人！」

其實David在念大學的時候就在打工、買基金賺錢，現在他用自己賺的錢和朋友一起合夥開了一個公司，不過這個公司還很小，還處於起步階段，所以他不好意思說給老爸聽。

開這個公司，David沒有用他爸爸、媽媽一分錢，甚至沒有告訴他的

爸爸、媽媽，因為他怕他的爸爸、媽媽會在暗地裡給他一些幫助；他也沒有告訴任何一個客戶，他是「程巨集錦」的兒子，「程輝集團」的少東家。他其實比老爸還想要知道，完全只靠自己的努力，他可以做到什麼程度。

我真沒用，明明是David被老爸針對、敵視了，還得要David來安慰我……我真的很生老爸的氣！

……

昨晚睡覺忘記拉上窗簾了，陽光曬進了房間，落在希婷的臉上，暖暖的，有一點晃眼睛。希婷哼哼了兩聲，慢慢地醒過來。轉過頭，看床頭櫃上的鬧鐘——

「哇——九點了！」

David約了希婷十點鐘見面，一起出去玩，鬧鐘為什麼沒有響呢！

希婷連忙起床，用消防員的速度洗澡、化妝、換衣服……等她收拾

# CHAPTER 1 家有三千金，一金一煩勞

好自己，看看時間—九點四十五分——哈哈，自己的速度真快，還來得及，David說十點鐘開車過來到家裡後面那條街接她。不過現在要過的是最難的一關了，希婷需要自然地走出家門，不能被老爸察覺到，她是去和David約會，不然又要接受老爸長篇大論的『教育』了。

希婷再照了一下鏡子——不錯，是個氣質美女，嘻嘻。

做一個深呼吸，平靜一下心情，然後走出了房間。

老爸正在客廳裡面看報紙，希婷直接往門口走，邊走邊說：「老爸，我出去了，今天不回家吃飯，晚上才回來。」

周常生那邊沒有什麼反應，希婷一步一步走向門口，心都要跳出來了……她的手終於摸到門把手了……

「今天是週末，不用上班的。妳和誰一起出去啊？去哪啊？」希婷的背後傳來周常生的聲音。

希婷在心裡歎了一口氣，還是躲不掉啊，「我和David出去。今天我們要去爬山，逛逛。」

「我又沒有說不許你們交往，妳有必要這樣偷偷摸摸的嗎？我只是

希望妳能同時再考慮接觸一下別的男人而已。」周常生放下報紙，走到希婷面前。

「哪有明明就有男朋友，還和別的男人交往的道理啊？」希婷有點上火了。

「希婷呀，老爸是為了妳好……」周常生還在做出苦口婆心的樣子對希婷說。

希婷真的受不了了，氣得眼淚流了下來：「老爸，難道只有你為我的『好』，才是『好』？我自己就不懂得為自己好？其他人就都不懂得為我好？難道就因為你是『為我好』，我對你的話就必須照單全收？『為我好』不是強迫我去做我不願意做的事情的藉口！」

「希婷，妳冷靜點，老爸哪有強迫妳？」

「你說『為我好』就是在強迫我。你都已經是『為我好』了，我還不懂得接受，那就是我不懂事！我不懂得體諒你的苦心！我不懂得孝順老爸！」

「我真的沒有這個意思……」

# CHAPTER 1 家有三千金，一金一煩勞

「你沒有這個意思，但是你說的話達到了這個效果！」

「我總是因為你的『為我好』去做很多自己不想做的事情！我不想學會計，不想在「金通銀匯」工作，不想交別的男朋友，我就喜歡David！你不要什麼都幫我想好了，幫我安排好了。我不是小孩子了，這些事情也不是國中、高中選學校那麼簡單的事情了！我有自己的思維，我有自己的喜好！你尊重一下我的感受行不行？！」希婷大聲地朝老爸吼完，然後衝出了家門。

「希婷……」希婷聽見老爸還在後面喊她。可是，希婷現在心裡真的很煩躁，她沒有理會周常生，直接跑進了電梯。

希婷一邊哭，一邊往和David約好的等她的地方走。David已經到了，他看見希婷是哭著走過來的，立即下車跑過來，摟著她，扶她上車。希婷還在哭，沒有說話。David遞給她一張紙巾，問：「怎麼了？哭得這麼慘？和伯父吵架了？」

希婷把剛剛發生的事情告訴David，當然，省略了老爸叫她和別的男人見面那段，只是委婉地說老爸不喜歡她和太有錢的人談戀愛。

David 一邊笑著，一邊幫希婷擦眼淚，說：「傻瓜，這有什麼值得生氣得？這說明妳老爸真的很愛妳，妳比錢重要多了。他不在乎妳的男朋友或者未來的老公錢多錢少，他只在乎妳的幸福呀！」

「可是你明明就很好嘛，為什麼要把你家有錢當成你的缺點？」希婷還是不能理解。

「哈，妳說如果我讓我老爸登報做個聲明，說將來他會把他的財產都捐獻給慈善機構，不會給我一分錢，妳老爸會不會突然變得喜歡我？」David 裝出一副很認真的表情。

希婷在他的胸口捶了一拳，說「沒個正經的！」然後自己也笑了。

「那我現在給妳說真的，妳聽好哦！我希望妳現在能先回去一趟，給妳爸爸道歉。我可以陪妳一起去。」David 現在的表情是真的認真了。

「為什麼我要道歉？」

「不管妳爸爸對你說過什麼，其實所有的決定最後還是妳自己做的。我相信如果妳真的一點都不願意，那妳不會順著你爸爸的意願做了那麼多事情。所以，如果妳現在覺得後悔，那責任也並不全在妳爸爸身上，他最多能算是起了一個催化的作用，關鍵仍然在妳自己。所以，其實我覺得妳剛才對妳爸爸說的話有點過份。妳覺得呢？」

希婷咬著嘴唇，沒有說話。

「我再說一句，妳要是不回去道歉，我猜妳老爸會更討厭我！天啊，我好無辜啊！」David又開始逗希婷笑。

「好啦，好啦！我回去道歉，其實我也覺得我說得有點超過了。」

⁂

回到家，希婷看見周常生坐在陽臺的椅子上發呆，手裡的水杯都空了還在喝。他完全沒有注意到希婷和David已經回來了。

希婷去倒了一杯水，走到周常生面前，把他手裡的空杯子拿過來，然後把剛倒好的水放到他手裡，說：「老爸，對不起。」

周常生抬起頭——希婷覺得他的眼睛裡面包著好多馬上就要留下來的淚水，「不是，是老爸對不起妳。老爸從來沒有站在妳的角度想過問題，沒有想過我給妳的是不是妳想要的，是老爸錯了。」

「爸……」希婷抱住周常生的脖子，這還是她那個最最可愛，最最通情達理的老爸！希婷一邊哭，一邊在心裡笑……

**單親老爸的幸福策劃**

相信孩子有選擇自己的人生的權利和能力。代替孩子安排好所有的路，並不是明智的做法。

# 03 常常失落的希媛

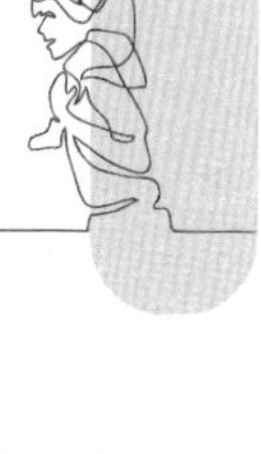

「希媛！希媛！妳在不在？」周常生拎著一大堆東西回到家。

希媛聽到老爸的叫聲，開門出來：「老爸，我在啦！什麼事啊？」

「快來看，我買了好多東西給妳！下周妳就開學了，就是真正的大學生了！」周常生很激動。

「謝謝老爸！」希媛開心地在老爸的臉上親了一口，然後開始拆包裹。

「怎麼樣？喜不喜歡？這套床組是我問了商場的售貨員才買了，她們說這些都是現在年輕女孩子最喜歡的款式和花色喔！」

「喜歡！老爸你越來越聰明了！」希媛毫不吝嗇地給周常生充分的讚賞。

「嘿嘿，喜歡就好，妳開心就好！」周常生一邊笑，一邊摸摸自己的腦袋——以前他曾經給女兒們買東西的時候，就照自己的喜好買，結果被三個女兒說了好多次，買回來的東西她們也都不願意用。

「老爸……那你想不想讓我更開心呢？」希媛的手絞著新床單的角，低著頭，偷偷地瞄著周常生的表情。

「想啊，怎麼樣妳會更開心啊？」周常生完全沒有注意希媛的動作和表情，只顧著整理手裡的東西。

「我……我想……我想請她來參加我的開學典禮……」希媛鼓起勇氣，結結巴巴地說出自己的想法。

「請誰來參加妳的開學典禮？」周常生抬起了頭。

「……媽……」希媛不敢看周常生的眼睛，聲音也越來越小。

「不行！」周常生的聲音高了八度，「她為妳做過什麼？妳要請她來！她是拋棄我們父女四個人的人！我絕對不會同意妳請她來觀禮的！如果妳要請她，那我就不去了！」

「老爸……都這麼多年了，何必呢？」希媛還想再繼續努力。

「沒得商量就是沒得商量！」周常生說完一甩門就出去了。

希媛站在原地，眼淚落了下來，滴在了新床單上……

對於希媛來說，小時候和媽媽相處時間最少的就是她。姐姐們至少還有一些關於媽媽的幸福快樂的回憶，自己卻什麼都沒有，因為那個時候她還太小，根本就沒有什麼記憶。

以前她也像老爸一樣怨恨過媽媽，可是隨著自己的成長，她意識到自己的怨恨，其實也是因為對媽媽的重視。那與其怨恨還不如在以後的日子裡好好相處，來彌補以前所沒有得到的足夠的母愛。

以前，她就很想有一天爸爸、媽媽能夠一起出現在學校門口送她上學或者接她放學。現在這個夢想顯然已經不可能了，所以她真的很想爸爸和媽媽能夠同時一起參加自己的大學入學典禮。可是老爸卻還是毫不留情地拒絕了……希媛越想越覺得委屈：為什麼老爸和媽媽的關係不好，就一定要影響自己和他們兩個人分別之間的關係呢……

周常生衝出家門之後，在街上遛了一圈，心裡的氣也消了一大半。終歸是自己的女兒，哪能氣多久呢？

希婷、希婧和希媛的媽媽叫張思怡——名字美，人也美。當初，張思怡離開的時候，還只是一個從來沒有工作過的家庭主婦。多年後的現在，她已經是一家跨國公司分公司的市場部的經理了。聽說，她的感情生活也很豐富，有一個固定的對她很好的男朋友，還不乏眾多追求者。一切看起來都很好，張思怡已經完全拿到了當初她離開時所追求的東西。可是，她的一切都是在完全不顧自己和女兒們的感受的前提下得到的，所以周常生直到現在也無法釋懷……

周常生去了菜市場，買了一堆菜：「剛剛對希媛的態度太凶了，回家給她做點好吃的，給乖女兒道個歉。」回到家，他卻發現希媛不在家，家裡養的牧羊犬奇奇也不在。

「這丫頭一定是下去遛狗去了……」周常生沒有在意，隨手開始做起了菜。其實，張思怡的工作穩定了之後，也曾經來要求過要把三個女兒接走。畢竟到後來她那邊的生活條件要比自己所能給三個孩子提供的要好得多。可是三個女兒都非常懂事，她們說她們已經習慣了和老爸生活在一起，而且老爸更需要她們，她們也不能因為媽媽更有錢就離開爸爸。聽到這些的時候，周常生當時可是狠狠地流了一把老淚……

所有的菜都做好了，卻還不見希媛回來。他給希媛打電話，卻發現電話鈴聲從希媛的房間裡傳了出來。周常生跑進希媛的房間，發現她的包包就放在床邊，手機、鑰匙、錢包都在裡面。

周常生慌了：難道我剛剛說話的態度太重了，把希媛氣得帶著奇奇離家出走了？連自己給她零用錢也不願意帶！在家裡，希媛最寶貝的就是奇奇，她還說過，將來有一天她一定要一個人帶著奇奇去流浪。

他連忙打電話給還在加班的希婷和希婧，問她們希媛有沒有去找過她們，可是答案都是否定的。周常生告訴她們希媛不見了的消息，她們連忙請假回家。

到家的時候，希婷和希婧見到的是一個六神無主，正在到處打電話問別人有沒有見到過希媛的老爸。

希婷趕緊去倒水給周常生，希婧拉住他坐下，讓他冷靜下來。

「老爸，你打過電話給哪些人？都沒有消息嗎？」希婧問。

「能打的我都打了，希媛的同學，附近的街坊、鄰居，遠一點的親戚、朋友都打過了……都說沒有見過希媛。希婧，怎麼辦？我不該對她那麼凶的……」周常生抱住自己的頭。

「你打過電話給媽媽嗎？你和希媛是因為她吵架的，說不定希媛會去找她。」希婷提醒道。

「對，我還沒有打過電話給她。我馬上打！」周常生說著，拿起電話撥給張思怡。

「喂！希媛在不在妳那裡？」周常生很著急。

「你是……老周？希媛不在我這裡呀，你怎麼想起打電話給我？……難道希媛出了什麼事！」

「都怪妳！希媛不見了！」周常生已經急得有點亂發脾氣了。

「你別急著罵我，告訴我，到底是怎麼回事！希媛到底怎麼了？」張思怡也有點急了。

「老爸，讓我來說。」希婧搶過電話，說了事情的始末給張思怡。

「希婧，妳讓你老爸冷靜下來。現在希媛失蹤還不到二十四小時，報警也沒有用。這樣吧，妳們先出去分頭找，我也開車過去和妳們一起找！」張思怡畢竟在大公司處理過很多大事件，目前還比較能保持冷靜。

「好，我們馬上就出去。帶上手機，我們電話聯絡！」希婧回答。

掛掉電話，希婧給周常生和希婷分別安排了方向，他們便出了門。很快，張思怡也過來和他們會合了，然後一起到處去希媛可能去的地方找她。

※※※※※

一轉眼，已經是晚上十一點多了。他們會合到家樓下的小公園，還是沒有找到希媛。四個人都疲憊不堪，滿頭大汗。尤其是張思怡，已經完全看不出平時女強人的氣質和風采了——她滿臉只有找不到女兒的焦慮和擔憂。

周常生看著她這個樣子，其實心裡還是有一點點感動：原來她確實是有把女兒放在心上的……

「不行，希媛一個女孩子在外面過夜太危險了，我們繼續找，去她的朋友和同學家，還有他們的家附近找！一定要找到她，確定她安全才行！」幾個小時的尋找卻沒有結果已經讓張思怡也完全慌了神了。

周常生這個時候反而冷靜了下來：「太晚了，我們都還沒有吃東西。就算要找也要先回去吃點東西再出來繼續找。我們先回去，休息一下再出來吧。」

「對，媽，妳別太擔心了，希媛其實比看起來要成熟，她知道怎麼保護自己的安全，何況她還帶著奇奇，奇奇很乖，很護主的。」希婷雖然自己也很擔心，但是還是安慰了張思怡。

他們開始往家走。出了電梯，意想不到的場景卻出現在了他們面前——希媛光著腳坐在家門口，已經睡著了。奇奇忠誠地端坐在希媛的旁邊，搖著尾巴，吐著舌頭，看著他們。

希婧最先回過神來，她走到希媛的面前，一個爆栗敲到希媛的腦門上。

希媛「嗯！」了一聲，醒了過來：「二姐，妳幹嘛敲我，好痛喔……」

## CHAPTER 1 家有三千金，一金一煩勞

希媛搓著腦門，還沒有搞清楚狀況。「咦？，爸、媽、大姐？怎麼你們全部都在呀？媽……妳怎麼哭了？」

「妳這個孩子，跑哪兒去了？我們四個人找了妳一晚上了！」張思怡一邊用她已經沒有力氣的手掌拍在希媛的身上，一邊哭一邊還在說。

「我沒有跑到哪去呀！我心情不好，帶著奇奇出去走走。可是奇奇跟著別的狗跑了好遠，我在後面追了很久才追到。我本來想叫車回來，卻發現我出門的時候忘記了拿包包。手機、錢、鑰匙，都在包包裡，我只好又牽著奇奇走回來。累死我了，走了好久哦！回來之後老爸和姐姐居然都不在家，我就在門口等著他們回來。誰知道你們回來得這麼晚，我都等到睡著了……」希媛看著大家一副想殺死她的表情，越說越小聲……

「希媛離家出走事件」就這樣烏龍地結束了，這件事情最直接的影響居然是大大地改善了周常生和張思怡之間的關係。因為，周常生想通

了：無論自己和張思怡之間有什麼樣的問題，這些問題都不應該影響到他們分別與女兒之間的關係。所以，希媛如願以償地看到了老爸和媽媽同時出現在了自己的大學入學典禮上！

後來的很多年，這件事情都被當做了周家茶餘飯後互相嘲笑的話題——當然，這是後話。



**單親老爸的幸福策劃**

不管父親和母親之間發生了什麼，對於孩子來說父親永遠是父親，母親永遠是母親，這種關係是無法斷絕的。所以，在孩子面前，請所有的父親和母親都不要相互攻擊。孩子往往會是那個受到傷害最大的人。

CHAPTER 2

# 單親老爸＝老爸＋老媽＋保姆

「下班已經夠累了，還要做家事……衣服可以丟自助洗衣店，但是飯一定要做、碗一定要洗，小孩子不能去外面吃嗎？這樣就不用洗碗……」

「希婷、希婧、希媛，妳們準備好了嗎？該出門上學了！」周常生站在大門口對著裡面喊。

「準備好了！」三個女兒齊聲回答。

話音剛落就看見三個高矮不一的身影從房間裡面竄出來，然後在門口按高矮順序一字排開。

「嗯，好！希婷，這是妳是午飯。」周常生把第一個飯盒遞給希婷。希婷的菜單是雞肉、魚肉、黃瓜和青菜。

「謝謝爸爸。」希婷把飯盒放進自己做的可愛便當袋裡。

「這個是希婧的。」周常生把第二個飯盒遞給希婧。希婧的菜單牛肉、馬鈴薯、胡蘿蔔和筍子。

「謝謝爸爸。」希婧把飯盒塞進書包。

「希媛，妳的我幫你拿，妳到幼稚園的時候再交給妳好嗎？」希媛的菜單是肉丸子、雞蛋、番茄和蘑菇。

「好……謝謝爸爸。」希媛拉著周常生的手奶聲奶氣地回答。

「嗯，乖。接下來，告訴老爸，晚上妳們有沒有什麼特別想吃的，

# CHAPTER 2 單親老爸＝老爸＋老媽＋保姆

如果沒有的話就我做什麼妳們就吃什麼。」周常生拿出記事小本子和筆，「從希婷開始。」

「糖醋蓮藕。」

「滷排骨。」

「番茄炒蛋。」

三個人依次回答，沒有猶豫、沒有停頓，明顯已經是「訓練有素」的樣子。

「很好，這個就是今天晚上的功能表。」周常生把記事本和筆放回公事包裡，「希婷、希婧，今天放學妳們誰負責接希媛？」

「我今天下午是課外活動，會放學比較早。我去接希媛。」希婧回答。

「很好，那今天就辛苦妳了。希媛下午放學就在幼稚園等二姐來接妳，別人來妳都不能走哦。」周常生轉過頭對希媛說。

「還有沒有什麼事情？」周常生最後問了一句。

「沒有了。」三個女兒整齊地回答。

「好，那我們出發吧！」周常生關上了大門……

# 04 做飯？做飯！



「生哥，下班我們去酒吧看球，一起去啊？」同事陳家明從對面的辦公桌背後探了一個頭出來問道。

「好，算我一個。啊！不行……我得回家給女兒們做飯。」周常生無奈地拒絕了陳家明的邀請。

「生哥，你這樣可不行啊，你自從離婚之後就沒有和我們一起出去聚過了，你這樣可是要脫離大眾、脫離兄弟們的生活了！」陳家明鍥而不捨地勸說。

周常生搖了搖頭：「不是我不想去，是家裡還有三張嘴等著吃飯吶！你叫我怎麼辦？」

「你打個電話給她們說一聲，然後給她們叫個外賣送回去不就行

了？」陳家明給周常生出主意。

「這個……」周常生有點猶豫了，他確實也挺想去看球的，而且因為孩子，他也很久都沒有在下班後參加過同事們的聚會了。

「不行！小孩子的身體正在發育，是需要營養的時候，怎麼能吃外賣呢！」鄰桌的女同事張淑芬插話進來，她也是兩個孩子的媽媽了，「外賣既不乾淨又沒營養，小孩子絕對不能吃外賣！」

「偶爾一次有什麼關係！」陳家明對著張淑芬爭辯道。

「哼，你是還沒有做父母，不瞭解吃外賣對於孩子的健康有多大的風險。前年有一次我加班，不能回去給孩子做飯。我老公又出差了，我就想給她們叫一頓外賣將就吃吧，偶爾一頓應該沒有什麼的。誰知道，這一吃就把兩個孩子都吃進了醫院！從那之後我是再也不敢讓他們吃外賣了。實在是我和我老公都回不了家給他們做飯的時候，我都會讓孩子到我爸、媽家或者到他們爺爺、奶奶家去吃飯。」張淑芬據理力爭，「生哥，我也知道你一個男人帶三個女兒不容易，但是衣服可以送到洗衣店洗，家裡也可以請別人打掃，但孩子吃的東西一定得要在家自己做，一點都不能馬虎！」

「哪有那麼誇張？我從小就吃路邊攤，不是一樣長這麼大了！」陳家明不服氣。

「現在的路邊攤和以前的能相提並論嗎？以前吃的東西哪有那麼多添加劑、化學原料的？而且，你想想希婷、希婧、希媛她們三個健康可愛的樣子……你捨得讓她們三個孤零零地在家吃外賣的便當？」張淑芬說話可是一套套的。陳家明語塞了。

經過一段漫長而激烈的掙扎——最後，周常生當然還是老老實實回家繼續當他的二十四孝老爸去了。球賽再好看，聚會再好玩，始終還是女兒們更重要啊。

這是多年以前發生的事情了，可是周常生就此養成了一個習慣——下班之後馬上回家買菜做飯，風雨無阻、雷打不動。他還在網上查了很多資料，針對三個女兒不同的年齡設計了不同的營養食譜，每天變著花樣做菜。又聽說，人如果特別想吃什麼東西，那就是身體裡面一定需要這種東西所含有的某些成份，所以他又增加了一個點菜制度。

這些習慣一堅持下來就到了現在——哪怕三個女兒都已經成年了。可是，現在的問題是三個女兒都長大了，她們都有了自己的事情，時常不回家吃飯的人變成了她們。

希婷、希婧要加班，希媛學校有活動，更何況她們也有了自己的朋友圈子，偶爾還會出去聚會。周常生每天堅持做的飯菜，也就免不了因為有人臨時有事沒有回來，而做多了，最後只能淪為被倒掉的命運。

░░░░

「鈴鈴鈴……鈴鈴鈴……鈴鈴鈴……」電話響了。

「喂，找哪位？」周常生從廚房跑出來，順便在圍裙上擦了一下手，拿起了電話。

「老爸，我是希媛。今天晚上我不回家吃飯了，學校社團要排練節目，下周就要演出了。晚上回家肯定也很晚了，不用等我，我有帶鑰匙。」

老爸的幸福一元起標：

# 讓老爸的價值越來越高



希媛像連珠炮一樣地說。

「那我給妳留碗湯在廚房吧，妳回來自己熱一下喝……」周常生還想說點什麼。

「不用了，我先忙了，老爸拜拜！」希媛已經把電話掛掉了。

周常生把電話的聽筒拿到眼前，一個人喃喃地說：「和同學講電話就要講幾十分鐘，和老爸就講幾分鐘都不到……又一個不回來吃飯的，唉……」歎了口氣，他把聽筒掛回了電話上。

這時，希婧從房間裡探了個頭出來：「老爸，能開飯了嗎？我餓了……大姐和小妹什麼時候才回來啊？」

「馬上就開飯！她們兩個都不回來，一個要加班，一個學校有活動！」周常生的語氣有一點賭氣的味道。

「老爸……」希婧從房間裡面走出來，她抱著周常生的肩膀說，「她們兩個不回來不是更好？就沒有人和我搶老爸做的金牌美食了！」

「就妳嘴甜！」周常生寵溺地刮了一下希婧的鼻子。

「啊——老爸，你還沒有洗手耶！」希婧用力地擦鼻子。

CHAPTER 2 單親老爸＝老爸＋老媽＋保姆

吃飯的時候周常生還是有一點悶悶不樂的樣子，希婧看了看他，也沒有說什麼。

第二天，雖然周常生心裡還是有點不順氣，但是抵不住這多年的習慣，下班回家換了衣服，還是又拎上袋子往菜市場走去。

「希婷喜歡吃的炒牛肉絲、希婧喜歡吃的烤五花肉，希媛喜歡吃的清蒸石斑……」選菜、買菜的過程倒是讓周常生的心情好了不少。

買完菜回到家，周常生發現家裡沒有人，只有奇奇趴在門廳，對著他搖尾巴。

「怎麼都快六點了還沒有一個人回來？難道今天都不回來吃飯？真是的，也不知道早點打個電話告訴我，買了這麼多菜，又要被放到壞了……」

好不容易在買菜中營造起來的好心情，一下子又沒有了。周常生無奈地拎著菜走進廚房……

「猜猜我是誰？」忽然一雙手從背後伸出來蒙住了周常生的眼睛，嚇了他一跳。

「希媛，除了妳還有誰能這麼皮，快放開。」周常生沒好氣地說。

「老爸，你一點都不好玩。」希婧放下手，假裝生氣。

「假裝生氣是沒用的，因為妳老爸我現在是真的在生氣！妳兩個姐姐都還沒有回來，妳也才回來。是不是以後都不想在家吃飯了？是就早說，不要害得我每天辛辛苦苦買一堆菜，做一堆菜，又沒有人吃！」周常生現在火氣真的有點大。

「老爸，喝杯茶。先消消氣、消消氣……」不知道希媛從哪變出一杯茶來，「大姐和二姐都已經回來了，你跟我出來吧。」希媛說著就把周常生往廚房外面拉。

「拉我去哪？不用做飯了？」周常生問。

「對，你不用做飯，今天大姐和二姐做飯。」希媛笑眯眯地對周常生說。

「妳們今天搞什麼鬼？」周常生的問題還沒有問完，希婷和希婧已經換好衣服，穿上圍裙進到了廚房，她們還拎著一堆菜。

「我菜買好了，你們還買這麼多菜做什麼？」周常生的注意力完全就在菜上。

「老爸，你就別管了，今天你就只負責享受！希媛，快把老爸拉出去。」希婧一邊說，一邊幫著希媛把周常生拉出了廚房，然後「砰」的一聲關上了廚房門。

周常生正想再問個清楚，門鈴卻在這個時候響了，他只好先去開門，原來是陳家明來了。周常生正想問他怎麼會突然過來，希媛便搶在周常生之前把陳家明迎進屋，還一邊說：「陳叔，裡面坐，你來得最早哦！」

「當然啦，有三個小美女邀請我這個老頭子吃飯，我當然要跑得快一點啦！」陳家明打趣道，「生哥，今天就打擾你們了……」

「陳叔，我們請你來的，說什麼打擾啊！」希媛嫌陳家明太客氣了。

周常生更覺得奇怪了，這個樣子看起來，是三個丫頭把陳家明請過來的呢。她們今天到底要做什麼呢？但是現在有客人在了，他又不方便問希媛。只好先坐下來陪陳家明聊天了。

剛聊了兩句，門鈴又響了。這次又是誰呢？

很快，陸陸續續地到了很多人，家裡都快坐滿了，全是周常生的朋友和關係比較好的同事。周常生忙著和希媛一起招呼客人，已經完全忘記了本來想要問的問題。家裡好久沒有來過這麼多客人了，還真是熱鬧呢！周常生笑著和大家聊天，氣氛熱絡……

「準備開飯了！」緊閉的廚房門終於打開了，希婧端著菜從裡面走出來。大家都起來幫忙擺桌子、布菜。很快，一桌豐盛的晚餐就呈現在了大家的面前。等全部人都入座之後，希婷站了起來：「各位叔叔、阿姨，謝謝你們今天賞光來我們家吃飯。菜是我和希婧做的，手藝沒老爸好，請大家多多包涵！」

「希婷，客氣什麼呀？我們這些老骨頭，難得有年輕人還能惦記著。妳們請我們來，還親自下廚給我們做菜，我們已經很滿足了。」陳家明說。

「哎呀，陳叔，我大姐這是在堵你們的嘴呢，免得你們回家才說我們做的菜不好吃嘛！」希婧給希婷幫腔，一桌人笑成了一團。

希婷接著說：「今天請各位叔叔、阿姨過來，除了大家一起開心一下、聚一聚之外，其實還有一個原因——我們姐妹三個有事情想拜託各位叔叔、阿姨……」

大家都安靜下來，聽希婷說話。

「老爸，我們都知道從你離婚開始，為了好好的照顧我們，你就再也沒有好好地和你的朋友、同事們出去玩過。一般有聚會你都會拒絕，實在推託不了的，你要嘛就帶我們一起去，要嘛就早早地便回家來了。為了我們，你犧牲了太多你的個人時間。所以，我們三個先敬你一杯！」希婷端起面前的酒杯，希婧、希媛也站了起來，一起敬了周常生一杯酒。

希媛在她們三個人的杯子裡續上酒，希婷端起酒杯對大家說道：「我們現在已經長大了，早就該放我們老爸自由了。所以，我們想拜託各位叔叔、阿姨的事情就是以後在座的各位只要是想玩了，想聚了，請一定不要忘了叫上我們老爸。如果，我們老爸習慣性地拒絕了各位，說什麼要回來照顧我們的話，你們就不用給我們面子了，直接把他拖走，然後悄悄地給我們傳個訊息通知一聲就好了。如果各位叔叔、阿姨覺得我們的這個請求沒有問題，你們一定幫我們這個忙，就和我們乾一杯吧！」

所有人都笑了，紛紛舉杯，「希婷丫頭，我早就想過乾脆下次去酒吧看球的時候直接把你老爸綁架過去了，不過怕妳們報警抓我，我一直有心沒膽。現在有妳們這句話，我一定每次看球都把他拖過去！」

「妳們這幾個孩子啊，在埋怨我們這些老東西是不是？我們出去玩，沒找妳們爸爸，妳們不高興了？不是我們不找他，是叫不動啊！他就要在家裡幫妳們做好晚飯啊！」……

希婷又轉過來，對周常生說：「老爸，以後你有朋友同事約你，你就儘管出去玩吧，我們偶爾自己做飯，或者在外面吃點東西又不是不行，我們不像小時候那樣身體弱了。你為我們付出的已經夠多了，你也要重新開始享受你自己的生活啊！」

陳家明這時在旁邊插嘴說：「生哥，現在我才真的覺得我錯了。」大家看向他，「天天回家做飯能養出三個這麼懂事又漂亮的女兒，叫我二十年不去酒吧看球我也心甘情願！」

「哈哈，是啊。做飯好，做飯好！」周常生開心得很。大家哄堂大笑。

一頓飯吃得賓主盡歡——飯菜不見得有多好吃，主要是飯桌上的氣氛好。

「各位叔叔、阿姨，你們已經答應囉，以後要是有什麼聚會、活動之類的，一定要記得把我們的老爸帶上啊！不然他老是待在家裡，要是以後得個老年癡呆症什麼的，我們可就慘了……」希婧在家說話總是這麼沒大沒小的。

「這孩子，說的是什麼話，詛咒妳老爸得老年癡呆啊？」周常生又氣又好笑。

「二姐不是這個意思，她的意思就是你應該多出去玩，多和朋友聚會。這樣子，老爸你的生活圈子才能更大，經歷才會更豐富。你也能在工作之餘過得更開心呀，是不是？」希媛來幫腔。

「生哥，你的孩子們說得對啊。」張淑芬也搭話過來，「以前孩子還小，做父母的是應該多放棄一些自己的娛樂時間，專心照顧孩子。現在孩子都大了，我們也沒那麼多可擔心的了。她們都懂得怎麼照顧自己的，我們擔心得多了，照顧得多了，有時候反而會成為孩子們的負擔呢。所以啊，你還是多出來和我們一起吧！老是悶在家裡，守著已經是大人的孩子，不算是好事了……」

「說得也是啊……你們都大了，哪還用得著老爸天天給你們做飯啊……」周常生始終覺得有那麼一點落寞。

「老爸！我需要聲明一點啊。你可以多和你的朋友約會，同時你還得注意留出時間和我們三個約會啊！老爸你十幾年鍛鍊出來的廚藝那麼好，把我們的胃口都養刁了，你不用天天給我們做飯，但是我們可受不了天天都叫外賣的哦！」希婧又來討乖。

周常生樂了，說：「是！是！我得和朋友約會，還得和妳們三個美女約會，我可要忙死了！」

「有得忙才證明你是被需要的，說明老爸你的價值高啊！」希媛也幫腔。

「哈哈，是啊，老爸的價值還高得很呢。希媛妳也不差啊！」周常生越說越開心。

「咳、咳……請別再相互吹捧，這裡還這麼多人呢。」希婷故作嚴肅。

這一夜，一屋子的人都帶著濃濃的溫情和笑意度過……

**單親老爸的幸福策劃**

父親對孩子毫無保留的付出是天性使然，但是請所有的孩子都不要把這種付出當做是理所當然的。學會感恩，是每個人生命中重要的一課。

# 05 女兒長大了

「老爸，我昨天換下來的衣服呢？」希媛在廁所裡面喊。

「妳昨天換下來的衣服我都已經幫妳洗好了，晾到外面的陽臺去了。」周常生在客廳裡面一邊看電視，一邊回答。

「哦。」希媛站在浴室裡面，盯著已經空了的髒衣簍，心裡面有一點小尷尬。昨天和一群朋友出去爬山了，那身衣服可是被弄得髒到不行，洗起來很麻煩的。而且，老爸不只是洗了她的外套，連內衣內褲都一起洗了。她總覺得讓老爸幫已經成年的女兒洗內衣有那麼一點怪怪的，但是又不知道該怎麼說。

希媛有點鬱悶地往自己房間走，正好看見希婷的房間門開著，她坐在在裡面上網。希媛走進去，掩上門，然後直接倒在希婷的床上，望著

# CHAPTER 2 單親老爸＝老爸＋老媽＋保姆

天花板說：「大姐，我覺得有點怪……」

「怎麼了？」希婷一邊答話，一邊手裡還沒閒著劈哩啪啦地打著字。

「妳說老爸是不是真的為我們做了太多事情了？」

「是很多啊，老爸真的對我們很好的。」

「不是，我的意思是——是不是做得太多了一點？」希媛斟酌著自己的用詞，「我的意思不是覺得他不對，而是他把全部的精力都放在了我們的身上……唉，我不知道該怎麼說。我都這麼大了，老爸還幫我洗內衣我就有點受不了……」說到後面，希媛自己都不知道自己到底在說什麼。

希婷手上的事情正好告一段落，她停下了手中的忙碌，轉過椅子對著床上的希媛，「我明白妳的意思了。其實之前我就已經和妳二姐談過這個事情了。」她停頓了一下，「老爸為我們做的事情確實太多了，多到了生活的每一個小細節。其實妳還好，妳不知道我以前『那個』來的衛生棉都是老爸幫我買的。他把他生活的全部焦點都放在了我們身上。就算我們只有一個人在家，只要他不上班，他就一定會待在家裡陪著我們，這都是他多年以來養成的習慣。之前我們不是也想了辦法，想讓他的朋友多約他出去，轉移他的注意力嗎？雖然效果是有的，他現在也時常會和別人一起出去玩了，但是其他的時間，他還是完全圍著我們在打轉。如果有一天我們嫁人的嫁人，工作的工作，不能陪他一起住在家裡，他忽然變得沒有事情可做，該怎麼辦呢？這樣的情況，我和妳二姐想起來都覺得會出問題，可是又沒有想到怎麼樣才能幫老爸找到他自己的生活。」

「是啊，其實我們都已經不再是小孩子了，很多事情都是可以自己做的，但老爸總是習慣性地幫我們把很多事情都做了。」希媛點點頭贊同道。

「也許我們是應該好好地再想想其他的辦法了。」希婷陷入了沉思。

週末的晚上，一家四口都在客廳看電視，正好看到電視裡面在播演奏會，希婷轉過來對周常生說：「老爸，我記得小時候你經常吹豎笛給

CHAPTER 2 單親老爸＝老爸＋老媽＋保姆

我們聽的，怎麼已經很久沒有聽你吹過了呢？」

「以前是很喜歡吹的，老爸那時候還是業餘交響樂隊的成員呢，可是後來要照顧妳們，沒有時間，就放棄了。」周常生眼前浮現出一些在樂隊的情景，露出了微笑。

「可是現在我們都大了啊，你的自由時間又多起來了，有沒有想過重新再加入什麼樂隊呢？」希婷建議。

「我現在哪行啊？妳也不想想妳老爸多久沒有碰過豎笛了，什麼樂隊會要我啊？」周常生連連搖頭。

「試都沒有試過怎麼知道呢？老爸，你要有自信嘛！」希婧在旁邊搭腔。

「就是啊，現在有很多中老年業餘交響樂隊哦，經常都能看到他們的應徵啟示。」希媛也加入了幫腔行列。

周常生有點動搖了：「其實如果真的有這樣的機會，我確實是挺想去試試的。但是，如果我真的去了，那妳們的衣服誰洗啊？飯誰做啊？」

「老爸……」三個女兒同時白了周常生一眼，「我們都多大了！老爸，你得學會自我解放啊！」

「不行，我不放心。妳們幾個都是做家事的半吊子，我要是經常不在家，誰知道這個家會被妳們搞成什麼樣子。我可不想每天回來看到一個亂七八糟的家，和三個餓得面黃肌瘦的女兒……」周常生越想越覺得行不通。

「老爸，那我們試驗一個月吧！」希婧說。

「試驗？怎麼試驗？」周常生問。

「從明天開始，接下來的一個月裡，你什麼家務事都不用做，由我們三個人來負責我們四個人的飲食起居。如果我們能堅持一個月，並且沒有造成我們三個人中任何一個人的不方便，那你就安安心心地去參加樂隊的面試吧！」希婧拿出了律師的氣勢，完全不給周常生提出任何異議的機會。

周常生被希婧的氣勢鎮住了，「那、那好吧。就試一個月，要是妳們能照顧好妳們自己，我就安安心心地去玩我的豎笛了。」

「耶！」三個女兒相互擊掌慶祝，周常生看著她們三個，忽然有種自己好像被算計了的感覺……

░░░░░

接下來的日子裡，希婷、希婧、希媛展開了她們的分工合作、解放老爸的計劃。

希婷做菜深得老爸的真傳，買菜做飯的事情就由她包了。為了避免偶爾臨時要加班的情況，她一般會多做一點菜，用保鮮盒裝好放到冰箱，如果她回不來，老爸、希婧和希媛回來自己加熱一下就可以吃了。另外，希婷當然要發揮她做會計的專長——管帳。

希婧有「整理癖」，收拾打掃自然就成了她的工作。她給自己定下了「三天一小掃、一週一大掃」的時間安排，把每個房間都歸置得井井有條。後來，不管誰在家裡找不到什麼東西都會問希婧，她也能馬上給你一個準確的答覆——當然，這是後話。另外，希婧還要負責保管生活費。

希媛專門負責洗衣服。每天檢查一遍髒衣簍，有衣服就洗，還要每天記得把頭一天洗的衣服收回來疊好；需要送到洗衣店乾洗的衣服也交給她，她會負責送過去和取回來。另外，希媛還負責去交水電費等等這些雜事。

經過她們三個人不斷的努力，同時在實踐中及時調整具體的分工配合，這個小小的家被她們管理得有模有樣，周常生也真的安安心心地當起了「掛名掌櫃」……

一個月後，周常生高高興興地接受了三個女兒的建議——到業餘管弦樂隊去應徵，重拾自己曾經的愛好。

雖然周常生已經很久沒有碰過豎笛了，但是他的基礎是很紮實的，而且以前還有過豐富的演出經驗，所以很快他就被一個業餘管弦樂隊錄取了，這個業餘管弦樂隊還在本地小有名氣，經常被邀請參加一些慶祝、典禮的演出。

周常生本來就已經快要退休了，平時的工作也很清閒。現在參加了樂隊之後，他又重新忙碌了起來。每到晚上和週末，只要沒有什麼特別的事情，他都會到樂隊去和隊友一起練習。認識了很多新朋友，做的又是自己愛做的事情，周常生的生活愈加充實和快樂起來。

現在的情況，變成了每天三個女兒輪流打電話給周常生：「老爸，今天晚上你回家吃飯嗎？」……「啊！又不回來吃飯！」……「那你幾點才回家呢？」……「那好吧，別回來太晚啊，注意安全。」……

「喂？是老爸啊？」……「你的工具箱在陽臺邊櫃的最下面一層。你找工具箱幹嘛？家裡什麼東西壞了？」……「你朋友家的水管壞了？為什麼你要去修？」……「哦，他的腿不方便？那你要注意別把自己弄傷了啊！」……

「老爸，你明天要穿的那件衣服我從乾洗店幫你拿回來了，掛在你衣櫃裡的最左邊了。為什麼明天一定要穿那件衣服啊？弄得我專門跑一趟去幫你拿。」……「哦，明天你有演出啊？」……「哇，是慶祝百貨公司開張的大型演出啊！老爸，加油哦！祝你成功！」……

晚上，周常生又去樂隊練習去了，希婷、希婧、希媛三個人在家看電視。

「大姐、二姐，我覺得我好像已經很久沒有見過老爸了一樣。」希媛一邊吃西瓜一邊說，「我們的計劃是不是太成功了點？天天都看不到老爸，我還真有點不習慣。」

希婧站起來，走到餐台前，給自己倒了一杯水，說：「怎麼了？把老爸解放了，自己得多做事情不習慣了？」

「也不是，做事情沒什麼，看到老爸能做自己愛做的事情也很替他開心。但是，我怎麼覺得老爸好像太忙了，忙得都不管我們了……」希媛有點失落的感覺。

「總之，我們是希望老爸能把自己全部的焦點從我們身上轉移出來，多做一些他真正喜歡做的事情，目的達到了就OK了！」希媛做了總結。

正在這個時候，響起了開門的聲音，「乖女兒們，快來幫忙拿一下，我給妳們買了甜湯回來！」周常生拎著幾個大大小小的袋子進來。

「哇，你怎麼拎了這麼多東西還買甜湯啊？」希婷一邊搭手幫忙，一邊問。

「嘿嘿，妳們這麼乖，老爸當然要記得慰勞妳們囉！」周常生笑嘻嘻地說。「袋子裡面還有我上次演出得的獎品，是三面鐵藝邊框的化妝鏡，很漂亮哦，我專門挑了送給妳們的！」

「謝謝老爸！」

**單親老爸的幸福策劃**

人都愛自由，人也都有自己的愛好，家務不是生活的全部。事實證明，多做一些自己喜歡的，有複雜意義的事情可以有效預防中老年抑鬱症及老年癡呆症等等……

# 06 沒有溝通就沒有體諒

這是多年以前發生的事情……

三年了，張思怡又回到了這個城市。不過現在的她已經和剛剛離開的時候完全是兩個人了。

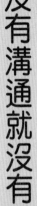

三年前的張思怡，還是一個毫無工作經驗，剛剛從家庭婦女的行列中脫離出來的普通女人。她找了一份對工作經驗要求不高的銷售工作，而相應的條件是她必須接受公司的安排到任何一個需要她的地方任職。經過短暫的銷售培訓之後，她被安排到了南部的新開發地點。

張思怡心中一直有一個信念，就是：「我一定要用最快的速度賺到我的第一桶金，那樣我就可以把三個孩子接過來和我住了。」因此她做事情總是比別人加倍的勤奮、加倍的認真。正所謂「皇天不負苦心人」，

張思怡用了三年的時間，完成了自己的目標。

現在的張思怡，被她後來一直服務的這家跨國貿易公司的經理相中，已經被挖角了。而在談跳槽的事情的時候，張思怡對其他的條件都不甚在意，只要符合現在市場的平均水準，她就草草同意。而她唯一的要求就是，她一定要回來，待在這個有她三個女兒的城市。

所以，現在的張思怡，是一個有著一份體面又多金的職業的女強人。在這三年裡，工作上的什麼艱苦、什麼委屈，張思怡都能忍受。但是她卻忍受不了周常生竟然變相限制女兒們和她接觸。張思怡每週都會打電話給三個女兒。剛開始的時候，周常生還總是會把電話交給女兒們，可是到了後來，他總會說女兒已經睡了，就不要吵醒她們了。再到後來就乾脆經常不接自己的電話了。

明明知道她在外地工作，只有在過年的時候才有時間回來和孩子們聚一聚，誰知到三年時間裡居然有兩年，周常生都帶著孩子和他的爸媽回老家過年去了！

張思怡非常氣憤，完全是因為周常生刻意從中阻撓，才搞得自己三年裡和孩子們見面的次數用五個手指頭都數得清。「我一定要把女兒帶走！」張思怡這樣對自己說。

在把住所問題解決好了之後，張思怡就開始了和周常生的交涉。可是不管張思怡怎麼想盡了辦法，威逼也好、利誘也好，周常生就是一句話：「女兒是我的，說什麼也不會給妳。」

兩個人的矛盾越來越深，一見面就吵，到後來已經完全沒有溝通的可能性了。張思怡也疲於再和他爭吵了，她找了律師，準備透過法律途徑來爭取撫養權。畢竟她現在的經濟條件比周常生好，勝訴的可能性還是很大的……

門鈴忽然響了，張思怡起來開門，進來的卻是一張小臉哭得梨花帶淚的希婷。希婷一進來就撲到張思怡的懷裡，嗚嗚地大哭起來……

原來，周常生因為張思怡和他爭奪撫養權的事情，被搞得焦頭爛額，心情煩躁。一天到晚，三個孩子一回家就會看見她們的爸爸愁眉苦臉地在家裡走來走去。爸爸偶爾抬起頭看看她們，眼神也是那麼地痛苦和不捨……

希婷很想好好地安慰一下周常生，可是這次的事情真的是太嚴重了，關係到她們三姐妹的去留，又豈是希媛三言兩語就能安慰得好的呢？實在沒有辦法了，希婷就和希婧還有希媛商量決定，她們要帶爸爸出去散散心，藉口當然是她們想要出去玩了。因為每次只要她們三個一起說想要去什麼地方玩——只要不是花費很貴的，老爸都一定會帶她們去的。

「爸爸，我們好久都沒有出去玩了，你帶我們去郊遊吧！」希媛先出馬。

「希媛乖，爸爸最近有很多事情要考慮，沒有時間。等過一段時間，事情都結束了，爸爸就帶妳去玩，好嗎？」周常生滅掉手中的菸，對希媛說。

周常生其實已經戒菸很多年了，從有了希婷開始，可是最近實在是太煩了，比離婚的時候還煩，所以他又開始抽起菸來。

「不好嘛，我這個週末就想去！」希媛不依不饒。

「就是呀，老爸，我也想去。你帶我們去郊遊嘛！」周常生正想再說話，希婧跳出來給希媛幫忙。

「老爸真的有事情，妳們就再等一個月，一個月之後一定帶妳們去郊遊！」周常生現在真的沒心情，他從沙發上起身，準備回房間。他需要安安靜靜地想想，還有什麼辦法可以阻止張思怡把三個女兒奪走。

「老爸……」希婧和希媛看周常生要走，趕緊一人抱住他一條腿。

「妳們這是幹什麼？！快給我放開！」周常生有點火了。

站在一邊的希婷趕緊跑出來幫腔：「爸爸，你別生氣，我們是真的很想出去郊遊……」

希婷的話還沒有說完，「啪」周常生一個耳光搧到了希婷的臉上。希婷的臉一下子就多了幾道紅紅的五指印，眼淚也落了下來。

「希婷，妳是大姐！怎麼能和妹妹們一樣不懂事呢？這都是什麼時候了？還想要出去玩？妳不幫我勸著兩個妹妹就算了，妳還要幫她們說話，我對妳真是失望……」

希婷完全沒有聽見周常生在說什麼，她的耳朵「嗡嗡嗡」地響著，只有一句話不斷地在她腦子裡重複：爸爸打我了。爸爸打我了。爸爸打我了……

希婧和希媛也被嚇到了，直接坐到了地上，傻了眼。周常生還在說教……

希婷突然轉身跑出了家門，周常生完全沒有反應過來。十秒鐘之後，周常生回過神來，操起掃把就要追出去，希婧一把抱住周常生，一邊哭一邊說：「爸爸，你錯了，你不該打姐姐！爸爸，你錯了！」

「我怎麼錯了？我打她還不對了？」周常生怒吼道。

「我們不是真的想出去玩……我們是看你心情不好……想帶你出去散散心……」希婧嗚咽著說。

周常生手裡的掃把掉到了地上。

「希婧快放手！」周常生想拉開希婧抱著他的手。

「不……不放！」希婧還在抽泣。

「哎呀！我不打妳姐姐了，我是要出去把她追回來！」周常生解釋道。

「哦哦……」希婧連忙放開周常生。

周常生追到外面，可是希婷已經不見了蹤影……周常生焦急地到處找，「時間這麼短，希婷應該還沒有跑遠！希婷，妳快回來呀，爸爸錯了……爸爸錯了……」周常生一邊找，一邊喃喃自語。

找了一大圈，都沒有看見希婷的蹤影。周常生想起家裡還有希婧和希媛，他決定先回去一下，把她們安頓好，再出來繼續找。而且他還需要換雙鞋，剛剛太著急了，穿著拖鞋就跑出來了。

剛走到樓下，希婧和希媛就已經迎著他跑了出來，「爸爸，不用找了！大姐去了媽媽那裡，媽媽剛剛打電話過來了。」希婧說。

聽到希婧的話，周常生就像是洩了氣的皮球，再也沒有了力氣——如果希婷決定要跟著張思怡過，那也是自己造成的，是自己活該。

晚上九點，周常生在客廳坐立不安地等著張思怡送希婷回來。明明打了電話，說九點就送希婷回來的，怎麼過了點這麼久了還沒有到？」周常生忍不住地看錶。

希婧白了他一眼，說：「老爸，現在才九點零三分而已！」

周常生也不答話，繼續來回踱著步子。

九點零五分，門鈴終於響了，周常生三步並作兩步去開門。

張思怡牽著希婷站在門口，希婷低著頭，不看周常生。氣氛很尷尬、很詭異。最後還是張思怡先打破了沉默：「希婷，妳先進去休息吧，我有話要和妳爸爸說。」

希婷點點頭，沒有說話，從周常生的旁邊穿過去，走進了屋裡。

確定希婷已經進去了，張思怡把周常生叫出來，劈頭就開始罵：「你就是這樣『疼愛』女兒的？她自己不小心摔了、碰了，我都會心痛，你居然下得了手打她！當初我和你吵架吵成什麼樣子，你怎麼沒有打我呢！……」

周常生也不辯解，他真的很後悔打了希婷。希婷現在十五歲了，這是周常生第一次動手打她，而且還是因為自己的過錯……

「……僅此一次，下不為例。如果你以後再敢對她們三個任何一個動手，我絕對不會再同意她們回來跟著你過！而且我一定會十倍地報復在你身上！你聽清楚了嗎？」張思怡終於把自己要說的話說完了。

「聽清楚了。」周常生埋著頭回答，不管張思怡說什麼他都應該聽著，因為打女兒確實是他自己的不對。可是，等等……剛剛張思怡說了什麼？周常生忽然抬起頭來，「你剛剛說『同意她們回來跟著我過』是什麼意思？」

張思怡沒好氣的白了周常生一眼（女兒們喜歡用白眼看人大概就是和張思怡學的），說：「還能是什麼意思？不就是字面上那個意思！」

「我不明白。能不能說得明白一點？」周常生不敢確定。

「我不和你爭撫養權了！這樣夠不夠明白？」張思怡吼道。

「夠明白，夠明白！可是為什麼呢？妳之前一直那麼堅持……」周常生問。

張思怡轉身，給自己點了一支菸，開始往外面走。一邊走，一邊說：「我又要去南部了……」

周常生只看見她的背影，卻看不見她的眼淚……

實際上，好不容易爭取到留在這個城市的機會，張思怡又怎麼會去外地呢？只是因為……只是因為希婷就算挨了周常生一耳光，卻還在哭著求她：「媽媽，不要把我們和爸爸分開……媽媽，不要把我們和爸爸分開……」

「十年修得同船渡，百年修得共枕眠。」「前世五百次的回眸，才換得今生的一次擦肩而過。」……

這些話都是在說兩個人能夠相知相愛、結婚生子，是多麼難得的緣分。很多人都說，即使我們不能當愛人了，那我們還應該是朋友。因為我們曾經是最最親密的人。可是一旦真正分手了，又有幾個人能夠做到呢？

也許並不是不想了，不願意了，而是生活中總是會有太多太多的誤會，讓他們都一步一步越走越遠，也許這就是真的緣分已經盡了。張思怡為什麼會找一個這麼爛的藉口來放棄孩子的撫養權呢？她只是因為不好意思對周常生說，說自己因為希婷的話而心軟了，說其實在離婚之後周常生做得很好——至少對孩子很好……可是就是因為這個爛藉口導致周常生對她誤會越來越深。

周常生也很矛盾：張思怡主動放棄了孩子的撫養權，這對他來說無疑是一個天大的好消息。可是從父親的角度來看，這個女人作為母親，為了自己的事業，為了錢，一而再再而三地放棄了女兒，這一點又讓他非常的憤恨。

整體來說，張思怡和周常生在離婚後的關係處理得不好，就是欠缺溝通造成的。比如說，張思怡覺得周常生不讓女兒接她的電話，是因為她沒有意識到，自從自己做銷售之後，應酬完了回家一般都是十點鐘過後了。這個時間對於學生和小朋友來說確實是已經睡了。周常生這邊又覺得張思怡一點都不把孩子放在心上，這麼晚才打電話，幹嘛不早點打？

張思怡說過年的時候，周常生故意把孩子帶回老家過年，不讓她和孩子見面，其實也是誤會。實際上是因為周常生的父母年齡越來越大，身體一年不如一年。人，總有落葉歸根的情節。兩次過年回家都是周常生帶父母回去見見老家的親戚，順道在老家選了一塊風水寶地，以備百年之需。

而張思怡找了一個爛藉口說自己還要去外地工作，又讓周常生覺得她一點都不重視孩子。孩子一個一個地進入了青春期，有很多很多的問題，如果有媽媽能幫她們排解，會好得多，誰知道張思怡竟然又要離開！……

這就是所謂的緣分已經走到了盡頭，僅剩的那一點點也因為不斷產生的誤會，慢慢消逝了。

**單親老爸的幸福策劃**

及時、有效的溝通是解決問題的基礎。這一條適用於所有的人與人之間的關係，不僅是父親。

老爸的幸福一元起標：

# 讓老爸的價值越來越高

# CHAPTER 3

# 單親老爸也會孤單

每天下班看到老爸從外面牽著奇奇進來，總覺得我們是不是佔據了老爸太久了？或許不只我們需要感情的滋養，老爸可能也需要第二春來再一次亮麗他的人生……

老爸的幸福一元起標：
# 讓老爸的價值越來越高



聽見，冬天的離開，我在某年某月，醒過來。
我想、我等、我期待，未來卻不能因此安排。
陰天、傍晚、車窗外，未來有一個人在等待。
向左、向右、向前看，愛要拐幾個彎才來。
我遇見誰會有怎樣的對白？我等的人他在多遠的未來？
我聽見風來自地鐵和人海，我排著隊拿著愛的號碼牌。
我往前飛，飛過一片時間海，我們也曾在愛情裡受傷害。
我看著路，夢的入口有點窄，我遇見你是最美麗的意外。
總有一天我的謎底會揭開……

——孫燕姿《遇見》

## 07 寂寞的情人節

二月十四日，情人節。很冷的天氣，淅瀝淅瀝的小雨一直下著，還有陰冷的北風。街上的行人都裹著厚厚的大衣，撐著傘，風吹過的時候，每個人都會聳聳肩膀，拉緊拉緊領口，彷彿這樣子就可以把寒冷的空氣都抵禦在身體之外，雖然實際上並沒有任何作用。可是惡劣的天氣並不能影響到情人之間火熱的感情，街上的行人仍然很多，大部分都是成雙成對的情侶們。男人們撐著雨傘，把自己的愛人摟在懷裡，雨傘下傳出他們的竊竊私語，女人的臉上露出幸福甜蜜的微笑；路邊的餐廳、咖啡吧基本上都已經人滿為患，暖暖的橘色的燈光透過玻璃窗，撒到了人行道上，借給路人點點的溫暖之意……

周常生一個人走在下班回家的路上，今天樂隊沒有活動，因為大家

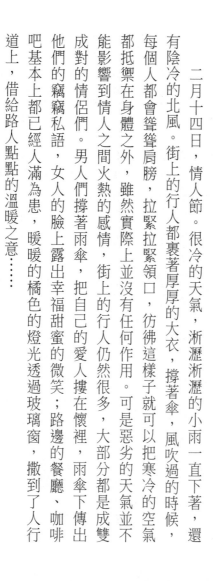

都要過情人節。這已經是周常生第十九個沒有情人的情人節了。不過還好，今天只有希婷要出去和David過情人節，希婧和希媛都在家，至少自己不會覺得很孤單。想到這裡，周常生笑了笑，加快腳步往家走。

走到樓下的時候，周常生習慣性地抬頭看了看，家裡的燈亮著呢……

「希婧、希媛，我回來了。可以開飯了！」周常生走進家門，還在換鞋就喊道。

「開飯了，開飯了……我剛剛把菜熱好！」希婧從廚房裡端著菜出來。

希媛從房間裡走出來，說：「老爸，先換件衣服吧，我剛剛把衣服烘乾，還是暖的哦！你看你的衣服都被雨淋濕了。」

「好、好，馬上換衣服，然後就開飯！」周常生樂呵呵地回答，有女兒就是貼心啊。換上小女兒烘乾的暖烘烘衣服，喝口二女兒熬好的熱呼呼的湯，這種溫暖簡直就是由內而外地散發出來的。

正吃著飯了，希婧的電話響了：「喂？心蘭啊，找我什麼事啊？」……「什麼單身派對？」……「好！我要去。」……「行，我半個

# CHAPTER 3 單親老爸也會孤單

小時後到。拜拜！」

周常生皺了皺眉頭：「妳要出去？」

「是啊。心蘭說今天晚上有個單身派對。老爸，你不是想我快點從失戀的陰影裡面走出來嗎？」希婧拉著周常生的手臂撒嬌。

「行了，行了，我又沒有說不讓妳去。妳肯再嘗試交男朋友，我高興還來不及呢。快點吃晚飯，畫個漂亮點的妝出去吧。」周常生笑著說。

「謝謝老爸！情人節快樂！」希婧在周常生的臉上狠狠地親了一口，「那我不吃了，你和小妹慢慢吃，我趕快先化妝換衣服去了！」話音隨著希婧的身影的迅速移動，被隔絕在了她的房間門外。

「哇，二姐的行動力真是值得學習！」希媛在背後感歎。

「學習個頭！好好吃飯！」周常生敲了一下希媛的頭。

希媛吐了吐舌頭，對著周常生扮了鬼臉，繼續吃飯。

「老爸，小妹，你們慢慢吃！我先出去了，晚上不用等我！」希婧飛快地把自己打扮好了，一邊換鞋，一邊說。

「早點回來，別玩得太晚了，注意安全……」周常生還沒有說完。

「知道了，知道了，拜拜！」希婧已經關上了大門出去了。

周常生歎了口氣，希媛趕緊拍拍他的肩膀：「老爸，吃飯、吃飯！還有我陪你嘛！」

周常生扯動一下嘴角，露出一個勉強的笑。吃完了飯，希媛主動自覺地把碗筷收拾到廚房，洗刷乾淨，然後陪著周常生在客廳看電視。

正看著呢，希媛的手機又響了：「喂？」……「Tracy啊，我在家啊。」……周常生的心提起來了，「河邊放煙火？這麼冷，我不去了，我還是在家陪老爸看電視比較好。」

周常生提起來的心又放下去了。

「什麼！江學長也要去？他是一個人嗎？」

放下去的心再次被提到嗓子眼。

「太好了，我要去！」……「我知道，打扮漂亮點嘛！這麼好的機會，我今天一定要把握住！就這樣，好，我一會兒就到！拜！」掛掉電話，希媛轉過頭就看見老爸正用一種「哀怨」的眼神看著自己。

「老、老爸，不是我不想陪你。今天晚上我們學院公認的帥哥，兼

CHAPTER 3 單親老爸也會孤單



極品好男人江學長也要去玩啊。我從進學校就開始注意他了，但是一直苦於沒有機會……呃……進行比較深入一點的交流。他還沒有交女朋友哦，我要是再不抓緊，說不定就被別人捷足先登了……」希媛拚命解釋，希望得到老爸的批准，順利出門。

周常生還是看著她，沒有說話。「老爸，你說句話嘛……人家真的很想去啦。」希媛開始撒嬌，「江學長溫文爾雅、學識淵博，對人又好……如果我把他搞定了，第一個帶回來給你看。好不好嘛？好不好嘛？」希媛抱著周常生的胳膊一直搖。

周常生重重的歎了一口氣，「好了，好了，妳別搖我了。去吧、去吧，女大不中留！」周常生沒好氣的說，「就留妳老爸一個人在家好了！」

「老爸萬歲！」希媛也在周常生臉上重重的親了一口，然後唱著歌跑回房間打扮去了。

「老爸萬歲……我才不要活一萬歲那麼久呢，才五十多歲都這麼寂寞了，活到一萬歲不寂寞死了！」周常生一個人碎碎念。

希媛也是飛快地收拾、打扮好了，再飛快地出了門。

現在，徹底是「寂寞情人節」了。周常生一個人坐在沙發上，拿著遙控器，無聊地換著台。電視裡要麼就是關於情人節的報導和節目，要麼就是一些無聊的電視劇，越看越煩。常生啊，你怎麼就能這麼寂寞呢？

其實，周常生從來都沒有覺得情人節有什麼特別的，包括還沒和張思怡離婚的時候，甚至他們還在談戀愛的時候也是。情人節不過就是個老外的玩意兒嘛！有一首流行歌不是還在唱「其實愛對了人，情人節每天都過」嗎？可是張思怡就不這麼想。以前她總是說自己「沒有生活情趣」了，「平凡的感情偶爾也需要有一些浪漫的驚喜」了，諸如此類的等等。

現在三個女兒也是這樣，過個情人節比過年還開心的樣子。不對，滿街的人都這樣！難道自己以前的想法真的有那麼一點點問題？

煩得很，這些問題都是周常生永遠都想不明白的事情。

不過，一個人過情人節確實感覺有點淒涼呢！女兒們都大了，都有了自己的生活了，再過兩年就都該陸陸續續要嫁人了。要是等她們都嫁出去了，只剩自己一個人，那該怎麼辦呢？白天可以去樂隊，可以自己給自己找一些活動，可是晚上回家怎麼辦呢？難道就和奇奇一人一狗，大眼瞪小眼嗎？

答案呼之欲出——也許是應該給自己重新找個伴了……

＊＊＊

「爸，醒醒，醒醒。回房間睡吧，睡沙發容易著涼。」希婷輕輕拍拍周常生的肩膀把他從睡夢中叫醒。

周常生用雙手搓了一下自己的臉，自言自語一樣地說：「我怎麼看著看著電視就睡著了？」

希婷沒好氣地笑了一下，「看電視，你看的是英語新聞頻道！都不知道你恍神恍去哪了，不在沙發上睡著才是怪事！」

「嘿嘿……」周常生乾笑了兩聲，趕緊轉移話題，「幾點了？希婧和希媛回來了沒有？」

「快十二點了。都回來了，我們在樓下碰到一起回來的。她們兩個在換衣服。」

「妳和 David 玩得開心嗎？」

「本來滿開心的，不過回來看到你居然在沙發上睡覺，我就不開心了。你說，你都多老了，還不知道注意愛惜自己的身體！」希婷又把話題拉回來。

「呵呵，我在思考。對，在思考！然後想著想著就睡著了……」周常生有點不好意思，怎麼當爸的反過來被女兒教訓啊？

「思考？思考什麼？」希婧已經換好衣服出來了，正好接過周常生的話。

「沒什麼……」周常生有點不好意思。

「老爸，說嘛。」希婧不依不饒。

「其實……我是在想，以前還和妳們媽媽在一起的時候，我確實有些做得不太好的地方。比如說，我從來沒有給過她一個浪漫的情人節……」真正說出來之後，周常生也不覺得尷尬了，只是有些感慨。

「一次都沒有？你們還在談戀愛的時候都沒有？」希媛也出來了，很八卦地加入了「審訊」老爸的行列。

「呃……確實沒有。」周常生點點頭。

「那你真的應該好好自我反省一下了，老爸。」希婷說，「要是我，肯定連婚都不會和你結。」

「有那麼嚴重嗎？」周常生還有點不確定的樣子。

「至少我們三個都不會！」希婧做了結論。

「為什麼呢？」周常生不恥下問。

「生活本來就已經有很多令人沮喪和煩躁的事情了。」希婷說。

「還得每天和一個完全不懂得享受生活情趣的男人待在一起。」希婧說。

「那我寧可自己一個人。」希媛說。

「所以，懂得在生活製造適當的浪漫和驚喜，其實是一種能讓人以更加樂觀、積極的生活態度來面對人生的積極行為。女人需要，男人也需要！就像我們偶爾給老爸你搞點小驚喜，你也會覺得很快樂一樣。」希媛再從專業角度給出一個分析。

「是啊，如果我的男朋友懂得偶爾給我來點小浪漫、小驚喜，我才會覺得他是真正懂得怎麼愛一個人。」希婧也肯定希媛的觀點。

周常生若有所思地點了點頭，他還需要一點時間來消化。

「咳咳……」說希媛很迷糊，這個時候她卻最先反應過來，「老爸，你怎麼會突然想到這些呢？難道——你的春心動了？」

希媛一臉「奸笑」。希婷和希婧也反應過來了，笑著看周常生。

周常生面不改色地問：「對了，希婧、希媛，妳們兩個的約會怎麼樣？」

這下輪到希婧和希媛傻眼了，齊聲叫道：「老爸！有你這樣轉移話題的嗎？」

希婷在一旁看得只剩下笑了……

**單親老爸的幸福策劃**

愛情是人生永恆的主題。單親老爸也需要愛情。

# 08 緣來就在隔壁

「等等！不好意思！麻煩幫我按一下電梯！」就在電梯快要關門的時候，周常生從外面牽著奇奇跑進來。

電梯裡面的人聽見了，順手幫他按了一下，門又打開了。周常生趕緊牽著狗，站進電梯，人還沒有站穩，周常生就急著向幫他按電梯的人道謝：「謝謝了！」

「不用客氣。」回答他的是一個溫柔的女聲。

周常生抬起頭來，忽然驚喜地說道：「是妳！」

「啊，是你！」對方也有點驚訝。

在上周的某一天，周常生帶著奇奇在樓下小公園邊的草坪散步。別人養的一隻大狗突然掙脫了主人的牽繩，對著奇奇衝了過來。奇奇被嚇得一下子掙脫了周常生拉在手裡的牽繩，從草坪往馬路對面衝過去，完全不聽周常生的呼喊。

馬路上的車來來往往，奇奇衝過去，一定會被撞到的！周常生的心都揪起來，但是他的速度又哪追得上奇奇的速度呢。眼看奇奇已經衝出了草坪，距離車水馬龍的馬路只有幾米的距離——就在這個千鈞一髮的時候，奇奇居然來了一個緊急剎車，然後搖著尾巴，往右邊的人行道跑過去——原來一位中年女士，正拿著一袋狗餅乾，抖著發出響聲在逗牠：「乖狗狗，快過來！有好吃的！」

周常生覺得鬆了一口氣，一邊又覺得有點丟臉——這個奇奇，只要有吃的，就什麼都忘了！

「謝謝！謝謝妳！」周常生小跑著追過去，連忙道謝。

「不客氣，不過以後要注意點，牽繩最好像我這樣在手腕上繞一圈，就不容易被掙脫了。狗狗如果這樣衝到馬路上，是很危險的。」對方有點嚴肅地說。

周常生這才看到這個女士也牽了一條邊境牧羊犬，怪不得隨身攜帶狗餅乾。

「是，妳說得對，以後我一定會注意，謝謝妳了。」周常生一邊說，一邊撿起奇奇的牽繩挽在手上。

對方笑笑說：「不用客氣，我們養的是同一個品種的狗呢！」

「是啊，是啊。現在養這種狗的人還很少呢，很難得遇見一隻！」

周常生很感激她，趕緊答話。

「嗯，我還有事要先走了。以後注意啊。」她一邊說，一邊牽著狗急匆匆地走了。

░░░░░

「上次妳走得急，我也沒能好好謝謝妳，今天居然在這裡遇上了！妳是來找人嗎？」周常生問。

「不是，我就住在這棟大樓。你呢？」對方也有點好奇。

「我也住在這啊！而且已經住了好多年了，怎麼之前沒有見過妳呢？」周常生覺得很奇怪。

「呵呵，沒見過我一點都不奇怪。我半年前才買了這裡的公寓，裝修好了之後，我就回南部去了，一直沒有過來住，上個星期才正式搬過來的。」對方笑著回答。

「呃，半年前裝修，上個星期搬過來……妳不會是在十六樓的二號吧？」周常生問。

「你怎麼知道？」這下輪到對方奇怪了。

周常生撓撓頭，「因為我就住在十六樓的一號，妳隔壁。我還一直覺得奇怪呢，隔壁裝修好了房子也一直不見人過來住。對了，我叫周常生，以後就是鄰居了，多多指教，多多指教！」

「不用這麼客氣，我叫林佳芬。你的狗叫什麼名字？」林佳芬彎下腰，摸摸奇奇的頭，奇奇很給面子的舔了一下她的手，彷彿還記得林佳芬之前給過牠餅乾吃。

「牠叫奇奇。妳的狗呢？今天沒有帶出來？」周常生問。

「我的狗叫菲菲。牠在家裡，我出去辦事，不能帶牠。」林佳芬回答說。

「啊，以後我們可以帶牠們一起去玩啊，奇奇還沒有一個同品種的朋友呢！」周常生建議。

「好啊，沒問題。」林佳芬也高興菲菲能多一個朋友。

正說著，電梯已經到了，他們一起走出電梯。

「那以後我要去遛狗的時候就叫妳。」周常生一邊開門，一邊說。

「好，再見！」林佳芬笑著點點頭。

「再見！」周常生走進屋，關上了門。林佳芬，嗯……感覺是挺不錯的一個人。

晚上八點半，希婷終於加完班回來了，周常生在客廳看電視。希婷和他打完招呼就直接回房間換衣服。推開房間門，打開燈——自己的床上居然躺了兩個人！

「今天吹的什麼風，妳們兩個怎麼睡我這兒來了？」希婷笑罵道。
「大姐，妳怎麼這麼晚才回來？我們都要等睡著了。」希媛抱怨。
「專程等我的？有什麼事啊？」希婷問。
「大姐，妳沒發現老爸最近行蹤詭異嗎？」希媛眨巴著眼睛問。
「行蹤詭異？什麼意思？」希婷被勾起了好奇心。
「二姐，還是妳說吧，反正是妳先發現的。」希媛說。
希婧清了清嗓子，兩眼放光，壓低聲音說：「大姐，我發現老爸可能交女朋友了！他最近一有空就牽著奇奇出去，而且每次回來都紅光滿面，有時候還會一個人傻笑，不過今天回來情緒又很低落似地。患得患失，一看就是戀愛中的男人的樣子！」
希婷笑了，「妳一定是弄錯了。我才不信他會去交女朋友。再說了，我猜他壓根兒就已經忘了應該怎麼追求女人了。要不然怎麼過了這麼多年也沒有見過他帶一個女朋友回來？哪怕是關係好點的女性朋友都沒有。上次情人節的時候，我們不是問過他嗎？那天之後還不是就沒有下文了。我覺得老爸壓根兒就沒有那方面的想法。」

「大姐，妳將心比心地想想，他怎麼可能不想找女朋友了？又不是什麼已經頓悟紅塵、出家禮佛的人。老伴、老伴，就是老來需要有個伴嘛！要是將來有一天我們都嫁人了，妳放心老爸一個人生活？」希婧不服氣據理力爭。

「妳說的也有道理。」希婷若有所思。已經霸佔了老爸十多年了，總不能霸佔他一輩子吧？老爸也需要愛情來滋潤呢！

「要不然我們直接問問他，是不是已經有對象了？如果沒有，我們就幫他去安排相親，好不好？」她們三個都已經過了那種非常依賴老爸，一旦老爸認識了新的女性都會充滿危機感的年齡。反而，現在是很希望老爸能夠重拾愛情，找到一個能與他合得來，又對他好的女人。

「可是相親，老爸未必會同意啊！」希婧說。

「管他的，我們先斬後奏不就好了。老爸總不至於當著相親對象的面向我們發火吧？也不可能完全不給別人面子就直接走了吧？」希媛在旁邊出餿主意。

希婷和希婧都懶得和她說，直接白了她一眼。

「我覺得我們還是應該先直接和老爸談一談，問清楚實際的情況。」希婷說。

「嗯，好，那我們現在就出去客廳？」希婧也同意了。

「好啊！好啊！」希媛很興奮。

說著，三個人走到了客廳，坐下。

「怎麼三個忽然都出來了？」周常生奇怪地問道。

希婷清了一下嗓子，說：「老爸，我們有事情想和你聊聊。」

「聊什麼？還要搞得三個人一起出動這麼隆重。」周常生更奇怪了。

「我們……我們……我們……」希婷有點不知道該怎麼說了。

「哎呀，大姐妳真沒用！我來說！老爸，你有沒有考慮過重新再給自己找個老婆啊？」希媛大咧咧地說。

「啊？」周常生沒有反應過來。

希婧以為他沒有聽清楚，連忙補充：「就是你還想不想談戀愛、結婚啊？」

周常生噗嗤一聲笑出來，差點沒有嗆到，「妳們幾個真是長大了啊！

開始懂得要關心老爸的私生活了。」

三個女兒這下都不好意思的撓撓頭，笑笑。

「其實，我以前也不是沒有考慮過再婚，可是別人幫我介紹的對象一聽說我一個人帶了三個女兒就都嚇跑了。」周常生回憶起來，「曾經也遇到過一、兩個不嫌棄我們的家庭狀況的，但是卻又總是因為這樣那樣的原因相處不好，最後還是不了了之。後來時間一長了，我也習慣了我們四個人的生活，就沒有心再去找了……」

「老爸……」希媛靠到周常生的肩上，抱著他的手臂，「為了我們，你辛苦了。」

周常生笑道：「噁不噁心啊？」

「老爸！我安慰你、感激你，你還笑我！」希媛裝生氣的說。

周常生摸摸她的頭，「老爸和妳開玩笑嘛。其實本來就沒有什麼啊，我們四個人不是也生活得挺好的嗎？除非——除非妳們現在都大了，開始嫌棄老爸，想把老爸推出去了……」周常生作悲哀狀。

「老爸！你明明就知道我們不是這個意思！」希婧急了。

「是、是、是，妳們不是這個意思，那妳說說妳們到底是什麼意思嘛？」周常生也不開玩笑了。

「老爸，我們現在都大了，工作的工作忙，學習的學習忙。不能經常陪著你。我們都怕你寂寞啊，所以才想著你是不是應該找個老伴兒啦。」大家都講開了，希婷說話也順溜了。

周常生聽著希婷的話，一個人在心裡偷著樂。

「老爸，你的表情不對勁哦！」希婧說，「快說！你是不是已經有對象了？」

「就妳賊！」周常生敲了一下希婧的頭，「也不能叫對象了，只是我對她比較有好感而已。之前也沒有認真考慮過要不要進一步發展，不過今天妳們的話倒是給了我一點鼓勵。我作為男人是不是應該主動一點？」

「當然要主動出擊了！」希婧激動了。

「是誰？是誰？長得漂亮嗎？」希媛亢奮了。

「人品怎麼樣？她對你有意思嗎？」希婷八卦了。

# CHAPTER 3 單親老爸也會孤單

「哎呀，妳們一個一個慢慢問嘛，一起問，我怎麼回答啊？」周常生抱怨道，「這個人妳們都見過的。」

「啊？」三個人的腦子都開始飛速地運轉，搜索著有可能的目標人物。

「不用猜了，她就是剛搬到我們隔壁住的林阿姨。」周常生揭開謎底。

三個人的嘴巴都變成了「O」形，猜來猜去，答案原來就在隔壁！

「老爸老爸，快說你們是怎麼認識的？」希媛來勁了。

「那個林阿姨一直都是一個人住的啊，不知道她的家庭情況怎麼樣？」希婷有些擔心。

「希婷，妳之前不是還教育老爸，重點是和你相處的那個人，而不是她的家庭嗎？」周常生有點不高興。

「哎呀，老爸你想多了。我是擔心別人的家人嫌棄你帶了三個孩子！」希婷解釋道。

「大姐，妳才想多了。我們現在還需要老爸帶嗎？我們現在都是在讓老爸享福了哦！」希婧說。希媛悄悄地在一邊警告二姐，欺負自己還沒有上班賺錢啊？

「行了，妳們不要吵了，讓我慢慢地說，行了吧？但是我說話的中途不准打斷我，不然講到明天都講不完。」周常生被吵得想拍桌子了。

「好！」三個人同時閉上了嘴，坐得整整齊齊地等著周常生給她們解謎。

「我是因為經常遛狗的時候都碰見她，才和她熟悉起來的。」周常生說。

「怪不得現在都和我搶著遛狗。」希媛忍不住說了一句，然後馬上被兩個姐姐「噓」了。

周常生白了她一眼，繼續說：「她的老公已經去世十幾年了，她有一個兒子，之前一直在美國讀書，上個月才回來的。不過據說一回來工作就很忙，所以就一直都住在公司的宿舍裡，很少回來住，所以你們可能都沒有看到過他——不過我見過，還長的挺帥氣的。」

「老爸，不要離題！」希婷也忍不住出了聲。

「咳、咳……」周常生尷尬地清清嗓子，「嗯，接著說。我覺得林佳芬是一個很溫柔、很賢淑的女人。一個女人帶大一個兒子，同時還把他教育得學有所成，溫文有禮，這就像我一個人帶大妳們三個人一樣不容易。同時，因為有這樣類似的生活經歷，我認為我和她更能互相理解和包容。現在我每天和她的相處機會就是遛狗時間。雖然我們現在還是朋友，但是我們約好每天下午五點半，樓下公園草坪見一起遛狗。所以，既然在座的各位都希望老爸能夠梅開二度，以後就都不要在這個時間段和我搶著遛狗，OK？」

「可是你今天遛狗回來怎麼一副不怎麼開心的樣子呢？難道你們吵架了？」希婧也很八卦。

周常生撓撓自己的頭，「我忘記了她昨天和我說過，她今天不能去遛狗。她兒子忙完了，今天要從公司的宿舍搬回家住了，她陪她兒子收拾、整理、搬東西去了。所以，今天只有我一個人遛狗。」

「怪不得。」希婧明白了，「老爸，加油吧！我們都是你堅實的後盾。」

「老爸，預祝你梅開二度成功！」希婷也不落後。

「老爸，你需不需要我給你當『狗頭軍師』？」希媛小聲地問。

**單親老爸的幸福策劃**

人都有追求幸福的權利和能力。即使曾經受過傷，但是當新的愛情來臨的時候也應該勇敢面對。

## 09 天下沒有後悔藥

斷斷續續，從三個女兒的口中得知了周常生的境況：他放下對自己的埋怨了；他重新參加了一個管弦樂隊了；他遇見了一個他喜歡的女人……

回想起來，張思怡也不懂那個時候的自己，怎麼會有那麼強烈的意願一定要離婚。周常生對自己是真的很好：他從來不對她說假話，一有空就會幫著她做家務、帶孩子，從來沒有背著她在外面對其他女人動過心……這樣的男人，現在真的已經很難找了。也許，真的是年輕時的自己太不懂得「珍惜」這兩個字了。

如果非要說周常生有什麼缺點，恐怕最不能讓張思怡接受的，就只是他總是喜歡把別人的需要看得比自己的需要更重要。

其實在還沒有離婚之前，周常生本來是有過幾次可以升職的機會的，但是每每到了最後關頭，他就會主動地把機會讓給別人。回來還要苦口婆心地解釋：「阿良家裡孩子多，六個孩子都還在讀書，他的壓力比我大多了。他更急需要提高薪水，等著拿錢養孩子……這次機會就讓給他，我們就等下次的機會吧。」說周常生的口才不好嘛，在這些事情上他就一定會說到讓你覺得自己如果不支持他把這個機會讓給別人，那你就是一個十惡不赦、罪大惡極的人一樣。

一次機會讓了，兩次機會讓了，三次機會還是讓了……張思怡覺得自己的內心已經就像一座即將噴發的火山一樣沸騰。終於，在周常生把第四次機會拱手讓給別人之後，張思怡爆發了。四次升職的機會！四次！張思怡覺得自己快要被周常生搞得崩潰了！

「別人需要升職、需要加薪來改善家裡的生活條件，我們家就不需要嗎？你沒看見三個孩子有多久沒有買過新衣服了嗎？我的衣服改小給希婷穿，希婧撿希婷的，希媛撿希婧的！總之就是只有舊衣服穿！」

「這不就是孩子還在發育嗎？去年買的衣服，今年就穿不下了，買新的不是浪費嗎？」

「好，你很會辯嘛！是！小孩子長得快，不用買太多衣服，但是也不至於一年一件新衣服都沒有吧？」

周常生只能訥訥地撓撓頭。

「再說了，你也知道孩子正是在發育身體的時候，需要很多營養。現在的營養保健食品那麼多，那麼好，我呢？我只能買最、最便宜的，臨近過期時間了才打折的給我的孩子吃！」

「我們小時候沒有這些營養保健食品什麼的，不也一樣長得健健康康的。」周常生小聲嘀咕。

「你說什麼！」張思怡沒有聽清楚。

周常生趕緊再次閉嘴。

「不說孩子，那你再看看我！我不要求你給我穿金戴銀，也不要求你一定要讓我去什麼出國旅遊。偶爾送我一束花可以吧？偶爾陪我去電影院看一場電影可以吧？為什麼這些很小的事情你都不願意做呢？」

「不是要把錢省下來給孩子們用嗎……」周常生的聲音小到幾乎聽

不見。

接下來，張思怡又說了很多很多，羅列出了周常生的「N宗罪」。一開始周常生還辯解兩句，後來就直接完全閉嘴了，不管張思怡說了什麼，他都聽著——只是聽著。

這就是兩個人之間矛盾的開端。在這之後，張思怡越發覺得周常生做事情處處不如她的意，無論周常生怎麼做，張思怡就是看他不順眼。

周常生知道張思怡喜歡吃魚，就專門在網上查資料，學了一種新的魚的做法，然後做好了一道色香味俱全的魚請張思怡來品嘗。可惜張思怡一口也沒有嘗，只說：「把你研究菜譜的精力和心思放到工作上，你早就是個副總經理了。」

……

「老婆，我這個週末要值班。」

「怎麼又要值班？上周你不是才值過了嗎？」

「老王週末想帶他的幾個孩子一起出去郊遊，他老婆只有這個週末能請到假……我就答應幫他頂一個班。」

「做事情你就這麼積極，升職、加薪的機會擺在你面前你怎麼就不積極了呢？」

……

諸如此類，雞毛蒜皮的事情數也數不清楚。他們的生活完全就是「每天一小吵，三天一大吵」的狀態。這就是一個惡性循環——越吵越生氣，越生氣又越是要吵——雖然大多數時候都是只有張思怡一個人在唱獨角戲。終於，張思怡覺得自己受不了了，她決定離婚，然後出去工作自食其力。

其實當年張思怡和周常生都是台大的高材生，周常生找到了這份穩定（在當時來說又算是高薪）的工作之後，他們就商量決定張思怡不出去工作了，只要專心照顧家，不過誰又知道周常生在同一個職位上一做就是那麼多年呢？雖然張思怡一直沒有出去工作過，但是她很自信憑自己的氣質和能力，從最底層開始做起，也一定能夠有所成就！到時候，再把女兒都接過去，跟著自己好好地享福！所以，不管周常生如何挽留，張思怡還是堅持把婚離了。

現在回想起來，維持婚姻與想要出去工作之間，似乎並沒有這麼大的矛盾，為什麼自己非要離婚呢？可惜，天下沒有後悔藥！即使是在離婚後張思怡生活最困難的時候，她也沒有回去找過周常生，現在當然更不可能。她的自尊和驕傲都不允許她做這樣的事情。更何況，她還有一個對她也很好的男朋友。

不能說張思怡還愛著周常生，或者說她不愛現在男朋友，這只是一種人類奇怪的情感，對於曾經屬於自己然後又失去了的人的一種難以割捨的情感……

轉過頭來看這邊，當年離婚前和張思怡的那一段「戰爭歲月」給周常生留下了難以磨滅的陰影。和林佳芬在一起的時候，周常生總是萬分小心，總怕自己會做了什麼事情，惹得林佳芬生氣。

周常生在潛意識裡非常害怕吵架。可是人總是這樣，越擔心的事情越會發生。所以周常生在林佳芬面前做過很多糗事，比如遛狗的時候為了悄悄地靠林佳芬更近，不小心把狗的牽繩纏到了自己腿上，然後一走就摔了個狗吃屎；比如他專程買了一束玫瑰想要送給林佳芬，為了給林佳芬製造一個驚喜就一直把花藏在背後，結果等拿出來的時候發現花瓣已經被奇奇啃光，只剩下光禿禿的葉子；比如，他專門請林佳芬出來吃飯，到吃完結帳的時候卻發現自己因為太緊張他們的約會，換了幾套衣服才出門，錢包不知道到底放到哪一套衣服裡面去了，只能讓林佳芬先付了帳，回去再還給她……這些事情把林佳芬搞得哭笑不得，不過她倒是一點也不生氣，因為在她看來，這些事情都能說明周常生是真心喜歡自己的。更何況周常生無意間造成的這些小問題並無傷大雅，只讓林佳芬覺得周常生的形象愈加的可愛、可親。

每每周常生又做出一些烏龍搞笑的事情時，林佳芬總是笑著和周常生開玩笑，事情便過去了。兩個人的感情越來越好。

為什麼當初我就不能看到他在做一些事情的背後，包含了對我那麼多的信任和愛呢？張思怡最近總是這樣問自己。

對於張思怡來說，她的離開，她的奮鬥，帶給了她今天事業上的成就和經濟條件上的優渥。可是她無法彌補沒能照顧和教育女兒們的缺憾，也無法再找到一個在生活上能像周常生一樣細心地關心、照顧她的男人。她有男朋友，甚至還有知道她有男朋友還不死心地追求她的人。只可惜，她在轉了一大圈之後才發現，對於自己來說，已經沒有第二個人能夠和周常生做得一樣好了。

如果，只能是如果，時間可以回到當初，她仍然會選擇出來工作，但是也許她不會選擇離婚……

下雨了？張思怡慢慢地睜開了眼睛——頭痛欲裂。昨天晚上和同事一起去應酬了一個大客戶，某跨國公司的亞太總裁。如果不是對方的身分真的很重要，也不用自己去應酬。宿醉的感覺真是難受，張思怡從床上爬起來，洗了臉，再給自己兌了一杯蜂蜜水，然後按開電話的答錄機：

嗶——「思怡，我是Christian，下周我要去倫敦了，走之前能見妳一面嗎？聽到留言給我回個電話吧！Bye。」

# CHAPTER 3 單親老爸也會孤單

嗶——「張思怡女士，您好。我是ＸＸ銀行的客服代表。因為您在我行開通了理財計劃服務，我們會贈送您一份價值五萬元的人生意外保險。請您擇日過來辦理，我們隨時恭候您的到來。」

嗶——「思怡，我是常生。」張思怡的手抖了一下，「我有多少年沒有給妳打過電話了？呵呵……妳一直說我不夠大男人，看來還真的是說對了。我還真是小氣，因為離婚就氣了妳這麼多年。我現在已經不再生氣了，真的，一點也不生氣了。不過我不知道妳還有沒有生我的氣，因為之前那麼多年我都不准女兒來見妳。如果可以，我希望妳也能原諒我。畢竟我曾經就是一個『小男人』。呵……唉，我都不知道自己在說什麼。總之，就是我希望以後我們都能夠和平相處，如果能做朋友就更好了。雖然我們早就已經不做夫妻了，但是我也不希望我們是仇人。呃，越說越亂。我就說我打電話會不知道怎麼說話的，應該約妳出來見面再說的。希媛那丫頭非要我打電話！這樣吧，改天妳有空的時候，過來我們這邊，一起吃個飯吧，來之前給我個電話，我給妳做妳以前最喜歡吃的水煮魚……呃，如果妳願意的話。就這樣吧，再聯絡，拜拜。」

彼時，張思怡淚流滿面，卻豁然開朗——我們雖然早已不是彼此的愛人，但是心裡卻總有一份放不下的像親情和友情一樣的牽掛……

**單親老爸的幸福策劃**

與其沉溺在後悔和抱怨之中，不如放開心胸，多想想未來如何可以過得更好。人其實都是理性地思考，感性地生活。

CHAPTER 4

# 其實我並不願意當單親爸爸

我從沒想過要當單親爸爸，我愛我的老婆、兒子和女兒，當我們的家庭雛形出現時，我就已經決定要當好丈夫、好爸爸了。只是沒想到這個願望這麼難長久……

很多很多年以前，當周常生還是一個小孩子的時候……

周常生的家在一個小小的四合院裡。夏天的晚上，爸爸都會在院子邊上鋪上一張涼席，和媽媽一起帶著周常生躺在院子裡乘涼。周常生那個時候最喜歡的事情就是看星星，有黃色的星星、綠色的星星、藍色的星星……

「媽媽，為什麼星星都那麼亮呢？星星上面有人嗎？」周常生指著天上的星星問。

「星星上面住著神仙呢。他們對星星施了法術，所以星星都那麼亮。」媽媽笑著哄他。

「星星上面真的住著神仙嗎？那如果我對著他們許願，他們會幫我實現嗎？」周常生的問題很多。

「只要生兒真誠的許願，並且為了實現自己的願望努力學習和實踐，神仙一定會幫你實現你的願望的。你有什麼願望，能告訴我嗎？」媽媽問道。

「可以告訴你。我的願望是長大以後要當一個好丈夫和好爸爸！」

周常生大聲說出自己的理想。

這下子連在旁邊一直沒有說話的爸爸都忍不住笑了，他問：「生兒為什麼想當丈夫和爸爸呢？」

「我不是只想當『丈夫和爸爸』，我是要當一個『好丈夫和好爸爸』！」周常生聽得很仔細，馬上糾正道：「就是像你一樣的好丈夫、好爸爸。因為媽媽說她總是很開心地笑，是因為你是一個好丈夫、好爸爸；你總是很開心地笑，是因為媽媽是一個好妻子、好媽媽；我總是很開心地笑，是因為你們一個是好爸爸，一個是好媽媽。我也希望在我身邊的人都能開心地笑著，而且我是男生，只能當丈夫和爸爸，所以將來我一定要成為一個好丈夫和好爸爸！」周常生一口氣說完這一大段像繞口令一樣的話。

爸爸和媽媽都笑了，把周常生摟在懷裡「我們祝生兒願望成真……」

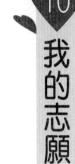

# 10 我的志願

希媛在客廳看電視，電視裡正在採訪一個最近因為一部電視劇而爆紅的男明星。主持人問他：「你以前有沒有想過你會成為一個藝人呢？你小時候的願望是成為一個什麼樣的人呢？」

男明星笑著回答：「我從來沒有想過我會從事演藝圈的工作。而我小時的願望是成為一個好爸爸。」電視節目中邀請的觀眾都因為這個答案哄堂大笑，可是這句話卻勾起了周常生的回憶……

在周常生小的時候，他的願望正和電視中的男明星是一樣——成為一個好爸爸。

雖然這種想法隨著他的成長曾經一度被他拋諸腦後，但是當他遇到了張思怡，和張思怡相識、相愛，並且準備結婚的時候，這種想法又一次地盤踞在了他的內心——我一定要成為一個好丈夫、好父親！我會一直忠於我的妻子，愛她、關心她、呵護她、包容她。我會和我最愛的妻子共同擁有幾個孩子。我會愛他們、教育他們、保護他們。我不一定要他們一定成為什麼出類拔萃的人物，但是我一定會盡我最大的努力讓他們能夠自由、幸福、快樂成長。

周常生正是用這番話向張思怡求婚的，張思怡被周常生的話感動得一塌糊塗，開心地答應了周常生的求婚。

可惜理想和現實的差距總是太遠……一開始的生活的確幸福而美滿。周常生快快樂樂地工作賺錢，張思怡在家做做家務、和閨蜜們約約會；然後希婷來到了這個家庭，周常生仍然快快樂樂地工作，張思怡安安心心地相夫教子；再後來希婧、希媛也來了，周常生仍然快快樂樂地工作，張思怡卻開始對這樣的生活感到不滿了。她開始不斷地對周常生抱怨：為什麼你不陪我看電影了？你這個月的薪水怎麼又只有這麼一點？什麼時候升職、加薪才能輪到你？……周常生本來就不像張思怡那麼善於言辭，所以每每到了張思怡和他吵架的時候，他總是選擇以沉默來面對。

而周常生這樣的反應又總是激起張思怡更大的火氣。矛盾越來越多、越來越深，最終，他們的婚姻走到了盡頭……

周常生無奈地歎了口氣，希媛轉過頭來：「老爸，你怎麼了？」

「沒什麼，想起了一些以前的事情。」周常生搖搖頭，思緒還沒有從剛剛的回憶中走出來。

「以前的什麼事情？」希媛是一個好奇寶寶。

「是關於我小時候的夢想的……」周常生避重就輕地回答。

「哇，你小時候的夢想！說說看，說說看！」希媛非常感興趣。

周常生突然回過神來，這個小時候的願望怎麼好意思跟女兒說呢！他連忙推託道：「沒什麼特別的，不說了。」然後起身，準備回房間。

「不行！」希媛拉住周常生的手臂，「老爸，你怎麼這樣啊？話才說了一半，勾起了人家的興趣就想跑了？說啦，快說啦！」

周常生被希媛拉著手臂晃來晃去，人都快要晃暈了，只好答應：「停！停！我說，我說，別晃我了，老爸已經真的是『老』爸了，經不起晃了！」

CHAPTER 4 其實我並不願意當單親爸爸

「呵呵……」希媛賊賊地笑了兩聲，把周常生拉著重新坐下，「說吧！」

「嗯哼……」周常生清了一下嗓子，「其實我小時候的夢想是要當一個好老公、好爸爸……」

希媛「噗嗤」一下笑了出來。

「很好笑嗎？很好笑嗎？」周常生開始報復性地揉希媛的頭髮。

「老爸，我錯了，我錯了，我不笑了。別揉我的頭髮啦！」希媛護著自己的頭喊道，「您老人家接著說！接著說！」

「可惜啊，當『好老公』的願望是一早就破滅了。」周常生的眼裡顯出絲絲落寞，希媛也停止了笑鬧，「剩下做一個『好爸爸』的志願，卻也做得不倫不類。我是已經盡了全力去愛妳們、照顧妳們、教育妳們，可是我卻連最基本的一個完整的家都無法給妳們……」周常生的聲音越來越低。

「誰要是敢說你不是『好爸爸』我就去和他拼命！」希媛跳起來，擺出要找人打架的架勢。

周常生被逗笑了：「妳到底是希媛還是希婧啊？難道妳們靈魂互換了？」

「老爸，我和你說認真的呢，別笑我。我可不知道你有這種想法，要是我知道，一早我就會說你了。」希媛徹底收起了玩笑的臉，「我們三個都知道，爸爸你對我們的愛有多深，你對我們有多好！我們的家庭是不完整，但是我們三姐妹不是一樣被你照顧和教育得很好嗎？你為什麼還要自責呢？你做事做得好不好，可不是你說了算，而是因為你的行為而能直接獲得利益的人說了算哦！」

「妳們能從我這裡得到什麼呢？老爸工作一般、賺錢一般，能給妳們的也不過就是和其他所有的父母一樣的東西而已——不，甚至還不如其他大多數的家庭。」周常生自嘲地說。

「我記得小的時候，每一個週末，只要你不用加班，你就會帶我們坐上公車，去附近的郊區，有時候是摘野花、有時候是野炊、有時候是畫畫寫生、有時候只是單純地玩一天……你的確只花了很少的錢，但卻給了我們無窮無盡的快樂。我們以前最期待的就是你不用上班的星期天

CHAPTER 4 其實我並不願意當單親爸爸



呢。每次有小朋友說他們的爸爸媽媽帶他們去動物園玩了、去遊樂園玩了，我總是能很自豪地挺起胸膛說『那有什麼了不起的，我爸爸又帶我和我姐姐去了一個新的地方野餐哦！我們每次玩的地方都不一樣呢！』雖然這只是小孩子之間可笑的虛榮心比較，但是因為你為我們所做的事情，我從來沒有感覺到自己和自己的家庭有什麼比不上別人的。」

希媛停下來，喝了一口水，笑了一下接著說：「老爸，我還沒有告訴過你，我曾經無意間聽見有人這樣說我『周希媛一看就是有錢人家的孩子』，我當時就在背後暗自偷笑——你們還能看出來我家有沒有錢？可是後來，學了心理學之後我才理解到，所謂的『相由心生』是真實存在的。你給了我足夠的自信和勇氣，讓我相信錢多有錢多的活法，錢少有錢少的活法，不管是錢多還是錢少都不會影響到我們快樂的生活！所以我從來沒有覺得自己的家庭經濟條件不太好，我就應該活得比別人矮一點。我在這方面的自信可是由內而外地散發出來的，這樣的自信也很自然的擺到了我的臉上。大多數把錢看成是一個家最根本的基礎的家庭中出來的人，以為我家很有錢也就是理所當然的了。我想大姐和二姐和我的感覺也是一樣的。」

周常生的眼眶有點濕了——這個最讓人擔憂的小女兒都真的長大了呢！「父母對孩子的付出都是不求回報的」，可是當你面對你一個懂得體諒、懂得感恩的孩子時，你的心裡是不是會更加地溫暖呢？

周常生因為希媛的這番話，已經從剛剛的沉悶中走了出來——他從來沒有想過，孩子居然還會記得小時候的這些事情，這些在他眼中是自己理所當然應該做的事情。沒能給她們一個完整的家，自然會想要更加地去補償她們；可是經濟又拮据，自然只能挖空心思想辦法帶她們去不花錢的地方玩，還要能玩得開心。為了這些，周常生確實是付出了許多時間和精力的。可是他始終還是覺得自己給三個孩子的並不夠，也許這個就是周常生的「完美情結」了——已經不能做一個好丈夫了，自然想更努力地扮演好『好老爸』的角色……

不過，現在這樣看來自己的這個『好老爸』當得還不算失敗嘛，而且現在自己和林佳芬的感情也越來越好，說不定當『好丈夫』的願望也能重新實現呢！周常生愈想愈是喜上眉梢……

# CHAPTER 4 其實我並不願意當單親爸爸

「老爸！老爸！」一隻手伸到了周常生的眼前晃，「回神了，回神了！」希媛笑嘻嘻地說，「不至於吧，我就說了那麼一點感性的話，老爸你就感動到不行了？」

「妳這孩子！」周常生有點不好意思地敲了一下希媛的頭。

「爸爸，你要當一個『好爸爸』的夢想其實已經實現了呢。現在就剩下一個當『好丈夫』囉！你把林姨好好地把握住，還是有機會的哦！」希媛揶揄起周常生。

橫豎已經說開了，被女兒當面戳穿了自己的想法，周常生也不覺得有什麼不好意思的。他說：「我也想啊……可惜現在我和佳芬還在戀愛磨合階段而已，結婚——還早著呢。」

「革命尚未成功，同志仍需努力啊，」希媛拍拍周常生的肩膀，「親愛的老爸，需要我點化點化你嗎？」

「有話就說，有屁就放！」周常生也不和希媛客氣了。

「就只會凶我，有膽量你去凶林姨啊！」希媛不服氣。

「我有膽量凶她……我就是傻瓜！」周常生哈哈大笑，扳回一局！

做老爸的哪裡能讓女兒一直奚落呢？

希媛白了周常生一眼，還是認真地開始說，「其實，老爸你只需要拿出當年花在我們身上的一小部分精神，就足夠你把林姨哄得很開心了。」

「不明白，講具體點。」周常生虛心好學。

「你想啊，以前基本上平均兩周你就會帶我和姐姐去一個新的地方玩，你現在就考慮一個月帶林姨出去一次吧，近郊就可以了，並不一定要是什麼高級的地方，風景也可以一般。只要你能堅持上半年，我想林姨也一定會大受感動的。」希媛耐心講解。

「為什麼呢？」周常生一知半解。

「因為你在她的身上用了心啊！『易求無價寶，難得有情郎。』如果你能每個月為她安排一次遠足活動，她還體會不到你的『情』，那她就是傻瓜——我相信林姨應該是很聰明的人。」

希媛看到周常生用「犀利」的眼光看著自己，趕緊把話兜回來。唉，不得不感歎一句：嫁出去的老爸，潑出去的水啊！這林姨還沒進門呢，已經成了老爸的心頭肉了，一句都說不得。

「小丫頭，說的話有點意思啊。看在妳幫我出主意的份上，明天給妳做冰糖肘子。」周常生其實就是順便找個藉口疼女兒而已。

「謝謝老爸！」

**單親老爸的幸福策劃**

人都是有夢想的。無論在什麼情況下，都不要放棄自己的夢想。夢想是人生活的動力。

11 男女有別

老爸的幸福一元起標：

## 讓老爸的價值越來越高

話說周常生和張思怡剛剛離婚，周常生正式過起了單親爸爸的生活。

雖然生活比較辛苦，每天為了工作和孩子忙得暈頭轉向，但是周常生仍然覺得甘之如飴——不就是工作嘛！不就是做飯嘛！不就是家務嘛！都難不倒我的，放馬過來吧！周常生總是這樣對自己說。可是他那時候還沒有想到，那些真的都是小事。單親爸爸生涯中第一個麻煩的「大事」就在後面等著他呢。

某個星期五的下午，希婷的班上是課外活動。從中午開始，她就覺得自己很不舒服，於是課外活動開始前她就去找老師請假，老師看她的確臉色不好，就允許她提前回家了。

回到家，她並沒有打電話給周常生，她知道老爸最近都很辛苦，就不想再讓他多擔心，自己休息一下應該就沒事了。希婷給自己倒了一杯熱水，再自己找了一點感冒藥出來吃——她猜自己應該是感冒了。

然後她準備去小睡一會兒，休息一下。剛剛躺上床，她覺得肚子隱隱作痛——也許不是感冒，而是不小心吃壞了肚子了。她連忙進了廁所，剛脫下褲子……

「啊——」廁所裡傳出了她淒厲的慘叫。她居然看到自己的褲子上有一灘血！（我們都知道這是怎麼回事。可惜那時候我們的小希婷才十二歲呢，她怎麼會知道呢？更何況現在在她的身邊照顧她的，只有一個和她一樣初嚐單親生活的老爸，老爸怎麼會想得到要提前給她這方面的教育呢……）

希婷坐在馬桶上，捂著嘴不讓自己再叫出聲來，她的眼淚滴滴答答地掉了下來——自己沒有受過傷，怎麼會流這麼多血？記得以前在電視上看過有個什麼絕症，好像就是會一直流血……怎麼辦呢？怎麼辦呢？

我今天突然這麼不舒服，一定是發病了，快要死了！爸爸沒有了媽媽已經很可憐了，難道還要眼睜睜地看著我死？而且家裡的經濟條件並不好，哪有錢給我治病呢？如果把所有的錢都拿去給我治病了，那兩個可愛的妹妹要讀書上學怎麼辦呢……

希婷越想越害怕，越想越擔心，越想越無助……不行！我絕不能拖累爸爸和妹妹們！她下了很大的決心——離家出走！

希婷一面流著眼淚，一面找了一些棉花，用紗布包起來，墊到褲子裡。再把書包裡面的東西都拿出來，放了幾件衣服進去，再加上剩餘的那些棉花和紗布，還有她的陶瓷小豬存錢罐——裡面都是每次周常生拿給她買零食、玩具的零用錢，她捨不得用，存下來的。

她取下掛在脖子上的鑰匙，不捨地放到客廳的桌子上，準備離開。想想又覺得不太對，應該給爸爸留一封信的，免得他找自己——電視裡面都是這樣演的。

於是她又回房間拿出紙和筆，開始寫她的「遺書」：

親愛的爸爸，對不起：

我走了。你別來找我，就讓我一個人在外面自生自滅吧。我生病了，很嚴重的病。我看過電視，這是治不好的病，而且只要去醫院就會花很多很多錢。我不想拖累你和妹妹們，所以我走了。對不起，你對我的養育之恩，我只能來生再報了。爸爸，我愛你！

ps.請幫我轉告希婧和希媛，我也很愛她們，希望將來她們長大了還會記得曾經有我這個姐姐。

不孝女：希婷

希婷哭著把信寫完，然後把信和鑰匙放在一起，出去了。

▒▒▒▒▒

周常生下班買了菜，接了還在讀幼稚園的希媛回到家就看見了桌上的信和鑰匙。周常生打開信一看就慌了，馬上打電話給希婷的老師，希婷老師又只知道希婷說她自己不舒服，提前請假回家了，具體是什麼病也不知道。周常生只好囑咐希媛乖乖在家等二姐回來，自己便焦急地出門找希婷去了。

希婷漫無目的地在街上走著，走了很久，她也不知道自己可以去哪裡。實在走累了，希婷就找了一個小公園坐下來休息。坐著坐著，不知不覺便睡著了……

「小妹妹，醒醒……小妹妹，醒醒……」一陣輕輕的聲音把希婷從睡夢中喚醒。

希婷睜開眼睛，原來是一個年輕的阿姨在叫自己，她的手上還牽著一個和希媛差不多大的孩子。「嗯……阿姨，有什麼事嗎？」希婷問。

她也不擔心自己被拐賣了，反正自己已經快要死了。

「小妹妹，天都快黑了，妳怎麼一個人睡在公園還不回家呢？多不安全啊！」年輕阿姨彎著腰，對希婷說。

「我沒事，阿姨。沒關係的，不用管我。」希婷從椅子上坐起來。

「是不是和家人鬧彆扭了？快回去吧，再不回去，爸爸媽媽該著急了。是不是找不到路了？要不要我送妳去坐車？」年輕阿姨很有耐心。

「不用了，真的不用了！」希婷站起來，背上書包就準備走。

年輕的阿姨這時候突然看到她的褲子上浸出了一點血，連忙拉住她，「小妹妹，妳別急，妳的褲子弄髒了。我這裡有衛生棉，妳去那邊的公共廁所清理一下再走吧。」

「什麼衛生棉？衛生紙的一種嗎？」希婷有點迷糊。

「妳不知道自己月經來了嗎？」年輕阿姨很奇怪。

「什麼是月經？」希婷問。

年輕阿姨一隻手拉著自己的孩子，一隻手拉著希婷走向廁所。一邊走，一邊告訴希婷「月經」是什麼意思，衛生棉的用法，然後又教希婷把褲子弄髒的地方洗乾淨，再用吹風機吹乾……

「阿姨，照妳這麼說，這樣流血是很正常的事情囉？」希媛一邊吹乾褲子，一邊問。

「是啊，這是表示妳長大了。以後每個月都會有幾天像這樣流血的，提前準備好衛生棉就好了。女人都會這樣的。」年輕阿姨笑眯眯地說。

希婷如釋重負地舒了一口氣，「太好了，我不用死了！」

「什麼不用死了？」年輕阿姨沒有聽明白。

「哈哈，我之前還以為我是生病了，才會這樣一直流血。」希婷不好意思地撓撓頭，「哎呀，糟了！」希婷忽然想起自己留給老爸的信，「爸爸一定擔心死我了！」

希婷趕緊穿上褲子，「阿姨，謝謝妳。我要回家了。」她對年輕阿姨道謝。

年輕阿姨笑笑說：「不用謝，我也該回家了。妳自己能找到回家的路嗎？」

「我要到ＸＸ路。阿姨，妳知道這附近哪裡有可以坐到往那條街的公車嗎？」希婷問。

「我帶妳過去吧，反正我回家就要路過那個車站的。不遠，就在公園外面。」年輕阿姨回答。

「好，謝謝阿姨了。」

# CHAPTER 4 其實我並不願意當單親爸爸

希婷到家敲開了門，來開門的正是已經心急如焚的周常生。他在樓下附近的地方找了一大圈都沒有找到希婷，回來正準備打電話給親戚朋友們想辦法，希婷就到家了。

周常生把希婷摟在懷裡，一下摸摸她的頭，一下捏捏她的胳膊，「乖女兒，妳哪裡不舒服？哪裡不舒服？爸爸帶妳去醫院！妳一定不會有什麼事的！」

「爸爸，對不起，是我弄錯了，我沒有生病。」希婷有點不好意思地說。

「沒有生病？」周常生楞住了。

「嗯，我今天一天都很不舒服，然後又發現自己流了好多血到褲子上。我就以為我得了絕症；就是以前我們一起在電視上看的那種會一直流血的病。我知道如果得了那種病就算花很多錢也治不好的，所以我才決定離開的。不過我出去之後，在外面的公園遇見了一個阿姨，她說我流血是因為月經來了，她說這只是表示我長大了。」希婷說這些句話一點也沒有覺得不好意思。「我沒有搞清楚就跑出去了，是我不對。讓爸爸你擔心了，對不起。」

周常生不知道該說什麼好，只能摸著希婷的頭說：「沒事、沒事，回來了就好。」

終究是因為自己疏忽了，周常生這樣想著，自己完全沒有留意到希婷已經到了該來月經的年齡了，才會發生今天這樣的事情。一個什麼都不懂的小女孩，突然發現自己莫名其妙地流血了，該有多害怕呢？而且她還擔心自己生病了會花很多錢，會拖累爸爸和妹妹……這樣懂事的女兒，還能責備她什麼呢？

周常生幫希婷放下她的書包，然後讓她去洗個暖暖的熱水澡。趁著希婷洗澡的空檔，周常生趕緊下樓去給她買衛生棉。

以前張思怡也會叫周常生去幫她買衛生棉，可是周常生從來沒有去過，他覺得一個大男人去幫女人買這麼隱私的東西，實在是有點尷尬。可是現在對象換成了女兒，他完全沒有在意這些。衝進便利商店，直奔衛生棉那一區。

不過面對衛生棉琳琅滿目的品牌和類別，周常生還是傻眼了。他也顧不得售貨員異樣的眼光和尷尬的口氣，仔細地詢問售貨員每種衛生棉的區別，然後才給希婷買了幾包看起來比較適合的回家。

到家的時候，希婷還沒有洗完，周常生就讓希婧幫姐姐把衛生棉遞進去。自己又去幫希婷煮了一杯牛奶，再加上一點蜂蜜……

忙了一個晚上，終於三個孩子都已經睡了。周常生躺在床上，難以入睡。他現在意識到了健康教育的重要性。他記得以前在電視裡也看過，如果父母能夠以一個明確的、科學的態度對孩子進行健康教育，會比他們自己從其他一些不科學的途徑去弄個一知半解要好得多。可是，自己要怎麼來對女兒做這個健康教育呢？這個問題一定得要解決，自己不是只有一個女兒，而是三個啊！是買本書回來給她們自己看？還是找一位女性朋友過來給她們講解？周常生想得一個頭兩個大——最後，他還是決定自己來！因為做人要靠自己！

第二天，周常生早早地做完事情下班，做好了一系列準備工作。

吃完晚飯，周常生表面鎮定、內心七上八下地把希婷和希婧叫到一起，準備給她們上她們人生中的第一堂健康教育課。

周常生努力擺出一副認真、嚴肅的表情，開始對希婷和希婧講解女生為什麼會來月經、來月經說明了什麼、以及小寶寶怎麼來的……剛開始他還是覺得有點尷尬，但講到後面就越講越順了——萬事只是起頭難而已，而且這都是為了女兒好。

「爸，你要是早點給我講了這些，昨天我就不會那麼害怕，也不會胡思亂想還要離家出走了。」希婷靠在周常生的懷裡說。

「是，是爸爸不對，爸爸忽略了。以後一定注意！」周常生認真地保證。

很多年以後，希婷都還記得，老爸給自己買的第一包衛生棉，和老爸給自己上的第一堂健康教育課……

**單親老爸的幸福策劃**

對於保守、傳統的中國人來說，性教育永遠都是一個尷尬的話題，單親家庭尤甚。但是請不要因為尷尬就選擇刻意忽略。因為健康、正確的性教育對於每一個孩子來說都很重要。

# 12 第三隻眼看單親爸爸

我的網名叫「天刑」。天刑——語出《老子》，意思是陷入人生的困境不能自拔，也有人把這個詞解釋成「因不能自由生活所引起的種種人生困境」。

我是一個單親家庭的孩子，我從小跟著我的母親生活。其實我也有很多關於父親的美好記憶：比如他總是喜歡把我放在他的肩膀上，帶我逛街，他說這樣我們就不會被人群擠散，我也可以看得更遠更清楚；比如他總是會教我用一些廢棄的東西，自己動手給自己做小玩具——我們用貝殼做過臺燈，用易開罐做過機器人，還用廢棄的絲布紮過一個很大很大的蝴蝶風箏……

不過我也不知道是從哪一天開始，爸爸變了。他變得經常不回家，電話打不通，很久都見不到一次他的人……媽媽說他在外面有了別人的女人，他不要我們了。我吵著不相信，我要爸爸！

媽媽只是冷冷地看著我，流著淚，說：「妳爸爸有了新的妻子，不再愛我這個舊的。很快他還會有一個新的孩子，也不會再愛妳這個舊的。妳還去找他做什麼？」然後他們離婚，我變成了一個單親家庭的孩子，爸爸從我的世界裡消失了……

難道這就是父愛？那麼脆弱？可以一下子說沒有就沒有了？我很困惑。但是我並不願意去問媽媽，因為提起爸爸，只會引起她無盡的淚水和抱怨。

這些困惑就這樣伴隨著我長大，深埋在心裡，從來不曾消去。所以到現在，男友雖然向我求婚數次，我也沒有答應。因為他的家庭很傳統，和他一結婚就意味著很快我就必須生一個孩子。而我對「父親」實在是存有太多的不安全感，所以我不敢輕易嘗試。

最近我迷上了一個網站，叫做「單親家庭網」。網站上所有的人都是單親媽媽、單親爸爸或者單親家庭的孩子。他們有自己的論壇和聊天室。他們可以隔著電腦，互相大吐苦水，討論作為一個單親家庭成員的不容易，而不用擔心任何人會笑他們。

網站上還有很多文章，都是單親媽媽、單親爸爸還有單親孩子們寫的，或者從別的網站上轉載過來的。我躲在電腦背後，從他們的文章裡看著他們生活中的喜怒哀樂，跟著他們笑，跟著他們哭。只有在這些時候，我才覺得家庭、親情的真實。

我很喜歡一個網名叫「周常生」的人寫的文章。從他的文章裡，我可以猜到他生活的一部分樣子：他是一個「保姆型」男人，他的老婆和他離婚也是因為：「保姆」只懂生活，不懂浪漫。

他有三個女兒，老大叫希婷、老二叫希婧、老三叫希媛，看起來我應該和希婷差不多大。他很愛他的女兒們，他的女兒們也很懂事，很孝順他。大多數時候他的文章都是有趣、搞笑的，看他寫的東西，我的心情總是會變得很好。

我常常想，如果我的爸爸是他這個樣子就好了，那我該有多幸福。他的文章讓我慢慢地相信，也許這個世界上還有那麼一些男人，他們是好爸爸。

只是對於我的未來，我還沒有那麼多的信心。

我從來不在網上和不認識的人聊天。可是那天我在網上看到周常生寫了新日誌，他說他有了新的女友，他很開心。我忍不住，傳了一條訊息。我問他，如果你結婚了，你有了新的家庭，你的女兒們怎麼辦呢？你還會一如既往地愛她們嗎？還是以後你就只愛你的新妻子，不再愛你的女兒了？

他很快給我回了一條訊息：妳怎麼會這樣想呢？就算我有了新的妻子，我的女兒還是我的女兒啊！我當然會一直愛她們。

我給他講了我故事，我告訴他，我的爸爸就是有了新的妻子之後就不要我了。

他沉默了很久，然後告訴我：我相信妳一直在你爸爸的心裡。就像我的前妻雖然離開了我，但是女兒們其實一直都在她的心裡一樣。

也許妳的媽媽就像從前的我，我對我的前妻之間有很多的誤會，所以我對她有很多怨恨。也許，妳的媽媽也對妳的爸爸有很多的誤會，所以也有很多怨恨。也許，其實不是妳的爸爸不想見妳，而是妳媽媽不允許他來見妳。當然，這些都是我的假設。也許你要做的應該是先幫助妳的媽媽打開她心中的結，然後妳和妳的爸爸見個面，妳的所有疑惑也就解開了。

我現在已經放下了我的怨恨，所以我的生活越來越開心，我的女兒們也越來越開心。她們並不會因為我有了新的女友而覺得我會忽略了對她們的愛，相反，她們很支持我尋找屬於自己的幸福。

我聽了他的建議，若有所思。

按照他說的話，我和媽媽深談了一次。媽媽的回答讓我淚流滿面——他是對的！原來爸爸沒有不要我，他曾經無數次地向媽媽要求要見我。只是媽媽被自私的怨恨蒙蔽了心眼，她想讓爸爸後悔，想讓爸爸帶著對我的愧疚生活一輩子，所以她拒絕了爸爸的要求，甚至不惜帶著我搬離了原來的城市，一次也沒有讓爸爸見到我。

媽媽哭著向我道歉，為她的自私而道歉。我原諒了她，因為無論如何，是她照顧我、教育我，把我養大的。看了周常生那麼多的文章，我深深知道一個單親家長要帶大一個孩子有多麼的不容易。

後來，我一個人回到了那個我出生的城市，物是人非。雖然幾經周折，但幸運的是，我終於見到了我的父親。他早已經不是我記憶中的樣子——他老了。當然應該老了，我已經有多少年沒有見過他了呢？見面的那天，他激動地話都說不清楚，顛三倒四、語無倫次。

我很開心，原來爸爸的緊張一點都不比我少，我害怕他不愛我了，他也一直在害怕我會因為他的離開而恨他。我忽然覺得，原來父親的愛那麼卑微，他甚至不敢要求我愛他，只希望我不要對他懷有怨恨。他和大多數的爸爸一樣，不善言辭，只是一直拉著我的手不肯放開一會兒……

見完爸爸回來之後，我答應了男友的求婚。我告訴男友，舉行婚禮的時候，我的爸爸、媽媽都會過來參加。他很奇怪地問我，妳不是沒有爸爸嗎？我只罵了他一句，我沒有爸爸，難道我是孫悟空嗎？

我又傳了訊息給周常生，向他道謝。告訴他我所有的疑惑都已經解決了，我的爸爸很愛我，他並沒有因為有了新的家庭就把我忘記了。

他也很替我開心。但是他告誡我，結婚和戀愛是不一樣的。結婚意味著更多的責任。一旦決定結婚，就要有更多的考慮，要懂得對自己的另一半負責，懂得對自己的孩子負責。單親，或許也是可以過得很好的；但是，一個充滿愛的，完整無缺的家庭對於每一個人來說永遠都是最終的追求。給自己一個完整的家，給愛人一個完整的家，也給將來的孩子一個完整的家。這是他對我的祝福。

我很開心地把他給我的這段話拿給我的準老公看，告訴他，我希望我們都能對自己的愛情負責，也對我們將來的孩子負責。

他看了之後問我，這是誰說的？我告訴他，是一個年長的朋友。他說一定要我邀請這位朋友來參加我們的婚禮，請他為我們的婚禮致辭。我只好告訴他，我連這位朋友現在在哪個城市都不知道，他只能作罷。

第二天是週末，準老公要加班，我的朋友陪我一起逛商場，採購一些結婚用品。在商場的走廊上，三個年輕漂亮的女孩兒簇擁著一個中年男人從我們的對面走來，擦肩而過的時候，我忽然聽到，其中看起來最小的那個女孩笑著對那個中年男人說：「親愛的周常生先生，選衣服的這種事情，就請您聽從您三個女兒的意見吧，我們正式宣佈剝奪你的發言權……」

聽到那個在網上看了無數次的熟悉的名字，我猛然轉過頭，剛好看到那個中年男人的側臉，他正在笑著，笑得那麼溫暖，幾乎可以融化整個冬天落下的白雪。

我就那樣定在那裡，怔怔地看著那四個背影慢慢走遠。朋友拉拉我的手，問：「妳怎麼了？」

我回過神來，笑笑說：「看到一個老朋友。」

「那妳怎麼不去和他打招呼呢？」朋友很奇怪。

「不用了，我現在過得很開心，我看到他也是很開心的樣子。我們都很好，這就足夠了。」我一邊說，一邊拉著一臉茫然的朋友，笑著往前走去……

## 單親老爸的幸福策劃

父愛和母愛對於孩子來說同樣重要。不管父親和母親之間有多少問題，都不應該剝奪孩子享受父愛或者母愛的權利。

CHAPTER 5

# 單親爸爸也該過母親節

我知道爸爸過父親節的時候很快樂，我也很快樂。但是我想過一次母親節，幫爸爸過一次母親節……

這個世界上，有很多很多重要或者美好的事物，都能和母親聯繫起來。比如：母語、母親河、祖國母親……我的困惑是：為什麼沒有「父語」、「父親河」、「祖國父親」……這樣的說法呢？我知道，實際上在大多數的家庭裡，負責照顧和教育孩子的都是母親。同時我也相信，像我們家這樣，只有一個老爸，又當爸爸又當媽媽地照顧孩子的家庭也不在少數。

我並沒有要求讚美父親的詞藻能像讚美母親的一樣豐富、一樣華麗，但是至少，至少你能讓我找到幾個吧？可惜，我運用了我從念幼稚園到現在所學習、接收到的所有知識和資訊，我也沒能想到一個類似「父親河」這樣的詞語。

我很難過，原來當父親是一件這麼悲哀的事情。他們像蜜蜂一樣辛勤地勞動，為他們的家庭貢獻自己應盡的力量。他們像巨石一樣堅不可摧，為他們的家庭撐起一片美麗的天空。他們像湖水一樣平靜無波，千言萬語他們都只默默地藏在心底……在父親為了家庭付出如此之多後，我卻無法找到一個隻屬於父親的詞語……

## CHAPTER 5 單親爸爸也該過母親節

我會認真努力地學習，因為將來我希望自己能夠成為一個語言學家——由我來為父親創造一個只屬於他們的讚美之詞！……

上面的這段話來自希婧中學時代的一篇作文。

# 13 又當爹又當媽

單親爸爸是註定得又當爹又當媽的。老爸必須做的事情得做，老媽必須做的事情還得做。周常生和張思怡辦完離婚手續那天下午，周常生把三個女兒帶到遊樂園玩了半天，三個孩子都玩得很開心。

在遊樂園的餐館吃晚飯的時候，周常生特地選了一個靠裡面比較安靜的位置。可樂喝得只剩下半杯了，披薩也只剩下一片了，周常生終於艱難地開口對三個女兒說出了現實……

「希婷、希婧、希媛，爸爸今天帶你們出來是有事情想告訴妳們。」

希婷畢竟是老大，她最先看出周常生表情中的凝重，「爸爸，有什麼事情呢？……是關於媽媽的嗎？」她不是不疑惑，為什麼今天媽媽沒有陪她們一起出來玩呢？為什麼最近爸爸和媽媽總是在吵架呢？

# CHAPTER 5 單親爸爸也該過母親節

聽到大姐提到了媽媽，希婧和希媛也一臉認真地看著周常生。

「爸爸和媽媽離婚了。」周常生深吸了一口氣說出來。

希婷和希婧已經捂住嘴開始流淚了，希媛歪著她的小腦袋問：「爸爸，什麼叫做離婚啊？」

周常生歎了一口氣，摸摸希媛頭髮，說：「離婚就是從今天開始，媽媽不再和我們生活在一起了。媽媽要有她自己的生活，不和我們住在一起了。」

「可是為什麼媽媽不和我們住在一起了呢？難道她不喜歡希媛了嗎？希媛最喜歡早餐吃媽媽煎的荷包蛋了。」希媛仍然不能理解。

「希媛！離婚就是媽媽走了，她不要我們了！」希婧哭著大聲地吼出來。

「希婧！不要凶小妹，她又不懂。至少……至少我們還有爸爸。」希婷一邊哭著，一邊說。

希媛看著兩個哭得傷心的姐姐，也小嘴一扁，跟著哭了起來……雖然她仍然沒有弄明白所謂的離婚是什麼意思。

周常生把三個女兒攬進懷裡，眼睛裡也噙著淚光，「乖，不哭！媽媽走了，妳們還有爸爸呢。爸爸早上會早點起來，幫希婷梳頭、幫希婧燙校服、還會幫希媛煎荷包蛋，妳們說好不好？」

「好……」三個女兒都乖乖地回答。

※※※※※

但是又當爹又當媽的日子又豈是那麼好過的……

「老爸，輕一點，好痛啊！」希婷叫道。

「對不起、對不起，老爸輕一點。」周常生連忙放輕手上梳頭的動作，希婷這頭秀美的長髮可是她的寶貝。

「老爸，我的制服還沒有燙呢！」希婧的聲音從另一個房間傳出來。

「糟了，我忘記了！希婧等我三分鐘，我幫希婷梳完頭髮馬上就來幫妳燙制服。妳先去吃早飯吧。」周常生喊道。

「好吧。」希婧無奈地回答。

二十分鐘後，周常生燙好希婧的衣服，來到飯廳，卻看見三個女兒只把牛奶和麵包吃了，荷包蛋都只吃了一點點。

「為什麼不吃荷包蛋呢？」周常生奇怪地問道。

希婷無奈地看著周常生說：「老爸，你自己嘗一點就知道了。」

周常生拿起筷子，夾了她們其中一個的荷包蛋嘗了一口，連忙吐出來，不好意思地說：「對不起，我好像把蘇打粉當成鹽了……呃，蛋還有點焦了，煎久了一點……算了，我馬上去煮三個蛋，妳們一會兒帶著在路上吃吧。」

「不要啦！我不要吃水煮蛋！我只吃荷包蛋！」希媛開始鬧起來。

「希媛乖，就今天一次好不好？現在已經來不及煎荷包蛋了，明天、明天爸爸一定給妳煎一個好吃的荷包蛋！」周常生連忙哄她。

「那好吧。」希媛無奈地答應了。

░░ ░░ ░░ ░░ ░░

這個由一個男人和三個女人組成的家庭，就這樣開始了他們的第一天一團糟的生活。之後的一段時間裡，每天早上對於他們來說，就像經歷了一場戰爭之後一樣的混亂，直到……

「爸，我們回來了。」門口傳來希婷的聲音。現在，每天希婷和希婧誰先放學就會先去幼稚園接上希媛一起回家，減輕老爸的負擔。今天也許是希婷和希婧都放學得早，所以她們一起去接了妹妹，三個人一起到家了。

周常生正好端著菜從廚房走出來，一邊走，一邊看了還在門口換鞋的三個人一眼說：「回來了，那趕快放了書包過來吃飯吧！」說著把盤子放到桌子上。忽然他好像意識到了什麼，再次轉過頭，仔細地看著希婷，「希、希婷！妳的頭髮？」

「嗯，」希婷笑眯眯地說，「我把頭髮剪短了。還是短頭髮比較方便呢！而且我留長髮已經很久了，也想改變一下形象了。老爸，以後早上你就不用幫我梳頭了。」

「……」周常生說不出話來。

「老爸……難道剪得不好看嗎？我們今天回來晚了一點，就是我讓她們兩個陪我剪頭髮去了，你不會生氣吧？」希婷撒嬌地說。

## CHAPTER 5 單親爸爸也該過母親節

「好看，我的女兒怎麼會不好看呢？老爸不生氣。妳們快去放書包，我去端菜，放了書包出來吃飯了。」周常生說完，連忙走進廚房。

在他轉身的那一瞬間，眼淚已經流了下來。希婷居然剪掉了她最喜歡的長髮！傻子才不知道是為什麼。有這麼懂事的女兒，自己還有什麼可抱怨的呢？周常生擦了眼淚，又多炒了一個希婷喜歡吃的菜。

晚飯的時候，一桌人都和樂融融。吃得差不多了，希婧開口說道：「爸，以後我的校服你不用幫我燙了。我每天晚上睡覺之前會提前把它燙好，大姐會教我怎麼燙衣服的。」

希婧話剛說完，希媛也奶聲奶氣地說：「爸爸，對不起。以後我都不會嫌你做的荷包蛋不好吃了，大姐跟我說了，爸爸又要上班又要照顧我們，好辛苦的。以後只要是爸爸做的飯菜，我都喜歡吃！」

「希婷、希婧、希媛，是爸爸不對，爸爸做得不夠好！委屈妳們了。」周常生這次再也忍不住了，在三個女兒面前流下了眼淚。離婚的打擊，生活的繁瑣、工作的壓力……這一切的一切都壓在周常生的肩膀上，讓他難受得喘不過氣來。他想找人傾訴，卻無法開口；他想大哭一場，好好地發洩，但「男兒有淚不輕彈」。所以，他一直忍著，一直忍著。誰能想到，最理解他的居然是三個還沒有成年的孩子呢？她們用最簡單樸實的行動，給了周常生最大的安慰。

「爸爸是世界上最好的爸爸！」希媛撲到周常生的身上，然後「吧嗒」一聲在他的臉上親了一口。

「爸爸，我們都有信心，就算沒有媽媽在我們身邊，我們也可以生活得很好。你也要加油哦！」希婧說。

「爸爸，媽媽也許不愛你了，但是你還有我們愛你呢！」希婷笑著說。

「是，我還有妳們呢，老爸一直都知道。是老爸沒用，還要妳們反過來安慰我。」周常生感歎道。

「不是的，是我們做得不好。明明老爸你要上班，下班還要給我們做飯，照顧我們，就已經很累了。如果我們連自己力所能及的事情都不知道主動幫你做，那我們就會是天底下最不懂事的女兒了。」希婧說得義正言辭。

「對，我們要做孝順女兒，不做壞女兒。做壞女兒長大了會變成醜八怪巫婆。」希媛說。

周常生破泣而笑，刮了一下希媛的小鼻子，問：「誰教妳這麼說的？」

「大姐！」希媛轉過身，指著希婷。

希婷無語，埋頭扒著自己面前的空飯碗。

「大姐，不用不好意思，妳是好意……」希婧在一邊打趣。

「呵呵……」周常生已經笑得合不攏嘴，有女如此，夫復何求？女兒們這麼懂事，為了女兒，他又怎麼能不對自己提出多一點要求呢？

他抓緊每一點時間和機會，苦練自己的廚藝：六天時間，煎出了三個女兒都讚不絕口的荷包蛋；半個月的時間，研究出了製作簡單、味道鮮美的「周氏拌飯」——希婷、希婧都能自己做，解決了因為臨時加班來不及做菜的問題。

每一個月，他就嘗試學習做一種新的菜式，來均衡孩子的營養和口味。他還給希婷買了很多核桃——聽說核桃有生髮的作用，他希望希婷的頭髮能快點再長長，他會在這段時間裡好好學學怎麼幫女孩子梳頭髮，以後絕對不會再把希婷的頭梳疼了。

希婧的校服，他也總是爭取在前一天晚上就燙好。畢竟電熨斗這個東西對於一個不滿十歲的孩子來說還是有點危險的，周常生怎麼可能真的讓希婧自己燙衣服呢？

周常生又虛心向很多既要上班、又要帶孩子的女性朋友和同事取經，看看她們是怎麼安排自己的時間，怎麼做到工作、生活兩不誤的……

而做好了這些功課的結果就是，他們的生活變得越來越井井有條，周常生的廚藝越來越好，照顧孩子越來越得心應手。

……

「老爸，以後如果有一天你退休了沒事做，你可以考慮自己開個鋪子，當一個廚師哦！」希婧一邊吃一邊說。

「是啊、是啊……」希媛在一邊附和。

「說實話，老爸你做的菜真的是很好吃，比很多餐館的大廚做得都美味。」希婷吞下口中的食物才說。

「去……現在才知道誇老爸？妳們都不記得了，妳們小時候啊，一聽到今天的菜是老爸做的，馬上小臉就會垮下來的。」周常生不以為然。

「老爸，你是男人吔！能不能不要這麼記仇啊？」希婧叫道，「那麼久以前的事情還拿出來說。」

「我猜，老爸應該是A型的。」希媛說。

「為什麼是A型呢？」希婷不解地問。

「因為A型的人最會記仇啦。哈哈！」希媛笑道。

「妳們幾個孩子，長大了？翅膀硬了？敢拿老爸開玩笑了，明天自己做飯，我不做了。」周常生故作生氣狀。

「老爸……記仇也沒有什麼大不了的。你一定要多做菜，目標是撐死我們！所以，請你讓你的仇恨來得更猛烈些吧！」希婧不怕死地繼續玩笑下去。

周常生直接給了她頭頂一個爆栗……

希婷和希媛在一邊笑得坐不直……

單親老爸帶孩子的艱辛不言而喻。孩子如果能夠主動給予一點幫助和鼓勵，對於父親而言也將是莫大的欣慰和感動。

**單親老爸的幸福策劃**

人都是有夢想的。無論在什麼情況下，都不要放棄自己的夢想。夢想是人生活的動力。

# 14 屬於爸爸的第三個節日

每一年裡，有兩天都是屬於爸爸的節日，一個是老爸的生日，還有一個就是父親節。

每次到了這兩個節日的時候，我們三姐妹都會為老爸開一個小小的慶祝派對，老爸也總會很開心的和我們瘋玩一天。

不過，今年我提出了一個新計劃——我們要為老爸過一次母親節，所以有了下面這一份計劃書：

《老爸的幸福策劃——第一步：爸爸也過母親節》

保密等級：絕對機密

緊急程度：十萬火急

執行時間：二〇〇X年五月X日（五月的第一個星期天——母親節）

策劃人：周希婧

執行人：周希婷、周希婧、周希媛

專案啟動原因：

鑑於周常生先生作為一名單身父親，數十年如一日，無微不至地對周希婷、周希婧、周希媛三位小姐進行照顧和教育。他在家庭中不僅很好的盡到了作為一名父親應盡的職責，同時他還肩負起了同時扮演一名母親的角色的重任。他克服了重重的壓力、困難和艱辛，在不忘父親本職工作的同時，優秀地完成了母親的工作。因此，周希婷、周希婧、周希媛三位小姐，作為本事件的直接受益人，決定為周常生先生過一次母親節，以示感恩。

專案執行步驟及分工……

# CHAPTER 5 單親爸爸也該過母親節

五月X日母親節，早上七點鐘

沒有鬧鐘，周常生還是準時從睡夢中清醒過來。因為長久以來養成的習慣都是七點半起來給女兒們做早飯，雖然現在已經不用了，可是早起的習慣已經改不掉了。

周常生磨磨蹭蹭地起床、刷牙、洗臉……然後走向廚房，準備給自己找點吃的。才走到餐桌，他就呆住了——難道自己還在做夢？桌子上怎麼會擺著如此豐盛的早餐？一杯熱氣騰騰的牛奶，一個火腿三明治，還加了一個荷包蛋。另外還有一盤裝飾得非常精緻的水果沙拉，裡面的水果都是自己平時愛吃的西瓜、梨、奇異果和香蕉——唔，沒有自己討厭的蘋果和聖女小番茄。

最關鍵的，是在早餐的旁邊還擺好了一份自己每天早上必看的早報！

今天到底是什麼日子呢？父親節？還有三個月，早著呢。我的生日？不是上上個月才過了嗎。勞動節？已經過了，前幾天才是。世界殘疾人節？呸呸，烏鴉嘴！那個和我沒關係，我不歧視殘疾人士，可是我不想當殘疾人士。那最後就只剩下一個母親節了，不會吧，難道這三個小丫頭真的要讓我過母親節？

周常生想不明白，還是直接去問她們比較方便。

他去敲希婷的門，誰知道門根本沒有鎖，輕輕一推就打開了。就在希婷的房門內，擺著一個紙袋，紙袋上面還放了一張卡片……

親愛的老爸：

母親節快樂！為了感謝你這麼多年來又當爹又當媽地照顧我們，教育我們，所以今天我們為你策劃了一個特別的母親節慶祝活動。請老爸務必配合哦！袋子裡是我給你買的新衣服，今天一定要穿！我知道你一定是先進的我的房間，對吧？下面你去希婧的房間吧，精彩的還在後面哦！

愛你的希婷

周常生打開袋子，裡面是一套淺灰色的運動服，很時尚。

「看看妳們到底要搞什麼！」周常生也不急著試衣服，只一邊笑一邊往希婧的房間走。希婧的房間門也沒有關，同樣在門裡也擺著東西，一個盒子和一張卡片。

親愛的老爸：

母親節快樂！在我們感謝上天把你賜給了我們的時候，你也感謝上天把我賜給了你吧！因為今天的活動都是我安排的，玩得開心點哦！希望你能為你有一個這麼天才的女兒感到高興。盒子裡面是我給你禮物，今天也一定要穿的！下面請去希婧的房間，精彩的還在後面哦！

愛你的希婧

周常生打開盒子，裡面是一雙新的運動鞋，剛好和希婷送的衣服很相配。

他也沒有停下來，直接推開希媛的門，這次的東西比較直接，是一束康乃馨和一張卡片——

親愛的老爸：

原諒我還沒有工作，只能給你買一束康乃馨了。等將來我上班賺錢了，一定給你買好多衣服和鞋子，比姐她們買得好！她們真是摳門，兩個人合起來才送你一套衣服和鞋子，以後我一定一個人就給你買全套的！呃，我廢話太多了。你趕快去吃早飯吧，不然就涼了。吃完早飯記得換上新衣服新鞋子（這句話是她們兩個強迫我寫的！）精彩的還在後面哦！

愛你的希媛

周常生實在是搞不懂她們今天要搞什麼，索性不想了。有人給自己安排娛樂活動，包吃包玩，還不好嗎？享受誰不會呀！於是周常生先把收到的禮物放回自己的房間，然後便開始享受起了難得的豐盛的早餐……

東西吃完了，下面還有什麼安排呢？管他的，先換上新衣服吧！

周常生開開心心地換上了運動服，然後在鏡子面前左看右看。女兒買的，穿起來就是好看。周常生把手插到口袋裡，擺個造型照鏡子——咦，口袋裡有張紙？他把紙摸出來，打開看：

老爸，你是不是正在鏡子面前臭美呢？哈哈！接下來請你去按隔壁林姨的門鈴吧！精彩的還在後面哦！

「去，還敢開老爸的玩笑了！今天要是不讓我玩開心點，看我晚上怎麼收拾妳們！」周常生心裡喜滋滋地「抱怨」。

再檢查一下鏡子裡的自己，頭髮，整整齊齊；臉，乾乾淨淨；新衣服，美得冒泡……怎麼看都是一個玉樹臨風的老帥哥！

周常生高高興興地出門，按了隔壁的門鈴。

林佳芬打開門，她居然穿的也是一套運動服，還和周常生是情侶裝。兩張老臉都有點紅了，一時間有點尷尬。這麼大的年紀了，怎麼還穿成了情侶裝？兩個人發完楞，然後同時開口：「我的衣服是我女兒／兒子買的……」然後兩個人又愣住了，接著便笑開了，尷尬的氣氛一掃而空。

「我猜妳也不知道他們今天到底為我們安排了什麼吧。」周常生說的是肯定句。

「嗯，不知道。我兒子只叫我在家裡等，說什麼時間到了自然會有驚喜送上門來。」林佳芬回答。

「我現在關心的是我的女兒什麼時候和妳的兒子拉上線的？」周常生說。

「哈，我也不知道呢。」林佳芬話音剛落，電話響了，「稍微等一下，我去接電話。」

周常生點點頭。

「喂？」……「啊？」……「哦。」……「好。」……「再見。」一旁的周常生還沒來得及問，什麼電話六個字就講完了？林淑芬就主動說：「我們該下樓了，電話是計程車司機打來的，說是有人幫我們叫了車，五分鐘後到樓下接我們，走吧！」

「好，走吧！」周常生異常開心，因為林佳芬居然主動挽住了他的胳膊，這可是一個他們關係進展的里程碑，一定要記住！之前林佳芬可是一直不肯在社區範圍內和他「過從甚密」的。

到了社區門口，車子已經停在那裡了。他們兩上了車，司機也不多話，問了身分就直接開車了。

「要不要問問我們這是去哪？」林佳芬小聲地問周常生。

「不問了吧，孩子們不是說了是驚喜嗎？」周常生一直拉著林佳芬的手。

「好吧。」林佳芬帶著淺笑把頭輕輕地靠在周常生的肩膀上，車內一派溫馨……

最後，車子把他們送到了海邊，有樹，有沙灘，還有海鳥。沙灘上已經擺好了燒烤架、食物、盤子、野餐墊，甚至還有一瓶紅酒和酒杯。

周常生和林佳芬相視一笑，開始享受起了孩子們安排的快樂燒烤。周常生專門負責烤，林佳芬負責調料和裝盤，兩個人配合得天衣無縫。很快，他們就為自己準備好了一份豐盛美味的午餐。兩個人坐到野餐墊上，一邊享受美食，一邊享受陽光和美景。

「你說他們幾個會不會就躲在附近偷看我們呢？」女人總是想得特別多。

「呵呵，管他們的呢，我們開心不就好了？這也是他們的目的嘛。

妳開心嗎？」周常生問。

林佳芬點點頭說：「嗯，我很開心。」，然後她閉上眼睛，躺到了墊子上。自己有多久沒有專門來過海邊了呢？已經久到記不清楚了呢……

午後，居然還有遊艇過來接他們去海上兜風。

晚上他們在遊艇上吃了一頓美味的海鮮。

░░░░░

等他們兩到家的時候已經是晚上十點了。周常生抬頭看家裡的窗戶，都是黑的，難道她們都還沒有回家？

周常生打開門，卻看見三個女兒都坐在沙發上，一個點燃了蠟燭的蛋糕擺在茶几上。這時候，三個人開始齊聲唱到：「世上只有爸爸好，有爸的孩子像塊寶，投進爸爸的懷抱，幸福享不了。世上只有爸爸好……」

「老爸，許個願吹蠟燭吧！」希婷走過來，把已經愣在門口的周常生拉到蛋糕前，「爸，其實對於我們來說，你既是爸爸，又是媽媽。所以，過母親節，你當之無愧。爸爸，母親節快樂！」希婷在周常生臉上輕輕地印下一個吻。

希婧和希媛也站起來，分別給了周常生祝福和親吻。周常生含著淚，吹滅了蠟燭，說：「今天是我這輩子第四快樂的一天……」

「啊？！為什麼是第四啊？」三個人齊聲發表自己的不滿，「我們費了這麼多心思……」

周常生打開燈，再拉著她們坐下，說：「傻女兒們啊，我的第一、第二、第三快樂的日子，當然就是妳們分別出生的日子啊！所以今天才是第四快樂啊！」

三個人都笑了。

希媛打開一瓶紅酒，給每個人倒上，然後說：「我宣佈，為了今天這個老爸人生中第四快樂的日子，我們不醉不睡！」

**單親老爸的幸福策劃**

雖然老爸的年齡已經大了，他也不懂得自己去製造驚喜，但是年輕的孩子們卻可以。偶爾的神祕和浪漫，也許可以讓我們的單親老爸重拾年輕的感覺哦！

# 15 懺悔錄

又快要到母親節了……

這是一個讓張思怡既快樂又尷尬的日子。開心的是，自從自己回到了台北，每年的母親節，就算周常生不同意，三個女兒都會想盡辦法來陪自己過——當然，現在已經不存在這個問題了。

尷尬的是，自己並沒有很好地盡到作為一個母親的責任，在女兒們最需要自己的那段時間，自己並沒有陪在她們身邊，現在無論做什麼，那些錯過了的也都已經錯過了。不過能和女兒們見面，開開心心地玩一天，終究也是好的。

就在張思怡期待著母親節的到來的時候，卻接到了希婷的電話，說是希望今年的母親節能提前一個星期過，因為正式的母親節那天她們有

事情。張思怡雖然覺得有些奇怪，但是還是答應了。

聚會那天，她們一起去逛了商場，張思怡給每個女兒買了一套新衣服，當然她也收到了三個女兒的禮物。然後她們又一起去吃了一頓美味的法國菜，四個人都很開心。

下午，沒有力氣再逛街了，她們找了一家有露天座位的咖啡館，聊天、曬太陽。

張思怡忽然想到這個提前的聚會，便開口問希婷：「母親節那天妳們有什麼事情啊？」

希婷想了一下，還是據實以告：「今年的母親節，我們想和老爸一起過，為他過一次母親節。你知道的，這麼多年，他是又當爹又當媽……」

「我能理解，能理解……」張思怡怕希婷有多餘的擔心，連忙說道，「妳們爸爸確實辛苦了，妳們是應該好好地慰勞一下他。」

「謝謝媽。」希婷說。

「那妳們準備怎麼幫他慶祝呢？有沒有什麼我可以幫忙的？」張思怡覺得自己沒有表達清楚，又補充了一句，「我是說妳們有沒有什麼準備工作我可以幫忙的。」

「有啊！」希媛是個快嘴。

「沒有！」希婧想阻止希媛的，可惜還是慢了一點。

「呵呵，有什麼不能說的？有什麼我能幫上忙的就直接說吧！」張思怡笑著看著她們。

「媽，不是啦。主要是因為母親節那天，我們和林姨的兒子商量好了，安排他們兩個一起過，所以……」希婧見已經兜不回來了，便也實話實說了。

「原來是這樣啊，沒什麼啊。」張思怡表面上沒有任何的變化，仍然帶著同樣的微笑，但是心中那一瞬間的落寞還是難以忽視，「妳們的安排遇到了什麼問題？」

「我們想讓老爸和林姨坐遊艇出海去兜風，可是我們找了好多家遊艇租賃公司，都說那天的遊艇已經被預定完了。」希媛又搶嘴。

希婷和希婧在一邊徹底無語，這個小妹真是神經大條得可以了。她又不是不知道，以前媽媽最介意的事情之一就是老爸不懂陪她浪漫，現在居然要媽媽幫忙去幫老爸和別的女人製造浪漫，就算他們已經離婚很久了，但是還是有點傷害媽媽的感情吧！

「媽，妳不用操心這個事情，我們能有辦法解決的。」希婧還是想盡力再挽救一下，順便在桌子下面踢了希媛一腳。

希媛無辜地看著希婧，不明白二姐為什要踢自己。

「嗯。」張思怡隨口答應了一聲，便主動聊起了別的話題，化解了希婷和希婧的尷尬……

░░░░░

晚上回到了家，張思怡把外套脫下來，隨手丟到沙發上，給自己到了一杯水，再點了一支菸。

Eson——張思怡現在的男朋友，在里間聽到外面的響聲，走了出來，看到張思怡：說「妳回來了?今天玩的開心嗎?」

「嗯，開心。我不是說了今天會回來比較晚，不用等我嗎?你太晚了開車回你家不安全。」張思怡現在也學會了更加體貼。

Eson坐到張思怡的旁邊，拉著她的手，說：「可是我還是想等妳回來，見妳一面再回去啊。」Eson和周常生不同，他從小在國外長大，很懂得如何直接有效地表達自己的情感。

張思怡把頭輕輕地靠到Eson的肩膀上，她是很愛Eson的，也許他不如周常生那麼懂得在生活的每一個細節上關心自己，但是他總是能最快察覺到張思怡的每一次情緒變化，找到引發她產生情緒的原因，並且給她中肯的建議，在她的背後默默地支持她解決每一個問題。張思怡對他的話，也總是能認真地聽進心裡。所以，他們兩個人在一起，很少吵架，相處很有默契。正因為這些，作為兩個生活在快節奏的商業化的世界裡的他們，也已經共同走過了六年的時光。

「Eson，……」張思怡緩緩地開了口。

「嗯，我在聽妳說。」Eson從坐到張思怡的旁邊開始，已經感覺到她有話要講。

「她們……我的那三個女兒，她們說想要為他們的父親過一次母親節，是讓我前夫和他現在的女朋友一起過。小女兒無意間提到她們想要租一艘遊艇，但是那天的出租遊艇已經全被預定完了。我想幫他們，但是心裡又有種感覺……很奇怪，我不知道應該怎麼表達。我的前夫……和他現在的女朋友……對不起，你知道，我並不是……」張思怡現在有點混亂。

「OK，我知道，我懂妳的感覺。」Eson把張思怡輕輕地攬在懷裡，「妳只是還沒有把自己從『前妻』這個角色裡面抽離出來而已。」

「嗯？」張思怡沒有明白。

「其實，作為『前妻』來說，妳對妳的丈夫是有很多虧欠感的。」

張思怡點點頭。

「如果，妳用這樣的心態去為妳的前夫和他現在的女朋友做一些事情，妳一定會感覺不舒服。因為就算是要彌補妳對他的虧欠，也不應該是在這件事情上。對嗎？」

張思怡又點點頭。

「那妳嘗試換一個角度呢？其實妳和妳的前夫，現在已經能像普通的朋友一樣相處了。為什麼妳不能站在一個朋友的立場上來想這件事情呢？你的一位老朋友需要租遊艇出海去玩，但是船被預定光了，租不到。而妳只需要一個電話就能幫你的這位老朋友解決這個問題，妳會去做嗎？」Eson很平靜地說。

張思怡笑了，「會，我當然會！Eson，謝謝你。」她在Eson的臉上印下一個吻。

Eson把張思怡落下的一縷髮絲理回她的耳後，再給了她一個回吻，「那明天妳就開開心心地去幫妳的老朋友解決這個問題吧！」

「喂，是希婷嗎？」張思怡打電話給希婷。

「媽？我是。」不是昨天才見過面嗎？希婷接到張思怡的電話覺得有點奇怪。

「昨天妳們不是說需要遊艇嗎？我幫妳定到了一艘。」

「媽……」希婷不知道自己可以說什麼。

「我和妳們的爸爸雖然是離婚了，但是我們現在是朋友啊。我只是在幫我的朋友一個忙而已。」張思怡現在已經真的想通了。即使是一個普通朋友，自己也不會希望別人孤獨終老吧。現在自己有了自己的生活，她也希望周常生能夠有一個愛他的人陪伴在他的身邊，也過得幸福。

「媽，我現在好想穿過電話線鑽到妳那邊，狠狠地親妳一下！」希婷很難得用這麼誇張的句子表達自己的感情。

「呵呵，那妳來呀，我等妳。」做母親的總是很容易因為女兒的一句話就全身的每一個毛孔都開心了起來一樣。

「哈哈……」希婷只在電話的那頭傻笑。

「好了，不和妳瞎扯。妳拿紙和筆記一下這個遊艇租賃公司的電話。妳打過去就說妳是我女兒就好了。記得，錢我已經付過了，不用再付了啊。」

░░░░░

當然，這個世界上沒有不透風的牆。不久之後，周常生知道了這件事情。他給張思怡傳了一條訊息：「好久不見了，這個週末有空嗎？出

CHAPTER 5 單親爸爸也該過母親節

來喝杯茶吧。」

張思怡當然答應了周長生的邀請。

周日的下午，天氣很熱，茶室裡的空調開得很足，厚厚的玻璃把太陽曬出的一波波熱浪擋在了外面。茶室裡的人不多，周常生和張思怡一人捧著一個茶杯，簡單地寒暄了兩句之後，兩個人便靜靜地坐在窗邊的位置，相對無言。確實是有些尷尬，畢竟有那麼多年，兩個人曾經是最親密的愛人；又有那麼多年，兩個人是水火不相容的「仇人」。

茶水已經被泡的由濃轉淡，顏色愈加接近透明，張思怡忽然「噗嗤」一下，笑了出來。周常生抬起頭，詫異地看著她。張思怡緩緩開口說道：「你約我出來不會就是要和我對看一下午，什麼都不說吧？」

周常生乾笑了兩聲，說：「當然不是。本來是有很多話想說的。但是見到妳了，大家都這麼平靜地相處了，我又覺得之前想說的都不用說了。」

「你還是這種個性啊……」張思怡感歎了一句，「有什麼想說的就要說出來啊，你不說，別人怎麼知道呢？」

「呵呵，妳也還是和以前一樣，怎麼想就怎麼說……」周常生話還沒說完，忽然覺得兩個人的對話很好笑。

張思怡也笑了，「其實你說得對，不管以前我們有再多的誤會，只要現在都放下了，也就沒有什麼可解釋的了。」

「也不是，我還是要跟妳說句『謝謝』。」周常生認真地說。

「謝謝？」張思怡沒有反應過來。

「呃……就是遊艇的事情。」周常生有點不好意思。

「呵……不用客氣了，舉手之勞。你之前也說了，希望我們能做朋友嘛。幫朋友一個小忙，哪用得著這麼客氣地說謝謝呢？」多聊了幾句之後，張思怡總算是放開了，也不再覺得那麼尷尬了。

「對啊，我們還能做朋友。」周常生點點頭，「是我的錯，如果我早點放開，也許我們早就是朋友了。」

「我也有錯。以前還誤會你，以為你故意一到假期就帶女兒回老家，我不知道你爸媽的身體……」張思怡低下頭。

「不是，不是。那都怪我因為生氣沒有給你說清楚。我沒有考慮妳一個人在外面工作應酬有多辛苦，還怪妳不關心女兒……」不知不覺，他們的見面變成了一個道歉會。當兩個人都意識到這點的時候，都忍不住笑了起來。

「我們打住這個話題吧，也算是『一笑泯恩仇』了。」張思怡說。

「是啊。現在我們都過得還不錯。能好好相處了，女兒們也會開心的多吧。」周常生的語氣中充滿了對未來的期望。

「對。因為經歷過，我們會更加懂得珍惜，所以我們都會過得更加幸福的。」張思怡肯定地點著頭說。

夕陽西下，陽光透過玻璃，一縷一縷落進茶室。透過陽光，可以看見無數的微塵，在空氣中飛舞著，最後消散而去……

**單親老爸的幸福策劃**

人的心都只有一個右拳那麼大。只有不斷地放下一些東西，才能裝進一些新的東西。放下，是為了將來能夠走的更遠。

老爸的幸福一元起標：

# 讓老爸的價値越來越高

CHAPTER 6

# 單親也可以是一個溫暖的家

為什麼大家都要笑我？媽媽不要我，可是爸爸和奶奶爺爺都説我是他們的寶貝，那為什麼大家都要笑我沒有媽媽？我偶爾考不好他們都説是因為我沒有媽媽，可是他們有媽媽也常常都考不好啊，我想跟爸爸説，可是我怕爸爸難過……

其實，我們與幸福之間就僅僅是一個轉身的距離。
或者接近它，擁抱它；
或者遠離它，錯過它；
幸福就像孩子，需要人哄，需要人珍惜。
如果你不曾在意，也許在你的不經意間，它會離你而去。
幸福不是單一的，它無處不在。
它不是握在你的手心，
而是洋溢在你的周圍。
幸福和悲傷共存在一隻手的心和背，
如果，燦爛的笑容是幸福的表現，
那麼，悲傷的眼神便是痛的體現。
如果可以，我想要讓幸福包圍。
如果可能，我想要驅走痛苦靡萎。
如果可以，我想把我的快樂傳遞給我愛的人。
如果可能，我希望我愛的人永遠遠離痛苦。
其實，我們與幸福之間就僅僅是一個轉身的距離……

# 16 愛是Love

一九九X年X月X日，希媛還在念幼稚園。

下班了，周常生去幼稚園接希媛回家。希媛一見到他，就撲進他的懷裡叫嚷著：「爸爸、爸爸，我要媽媽，我要媽媽……」

「希媛乖，希媛乖……爸爸和媽媽已經離婚了。我不是已經告訴過妳了嗎？」周常生手忙腳亂地哄著女兒。

「我不管！我就是要媽媽！」希媛皺著眉頭，閉著眼睛叫。

「那妳告訴爸爸，為什麼之前妳都好好的，今天突然又要找媽媽呢？」周常生把希媛抱在懷裡——女兒終歸還是會想媽媽的，多和她聊一聊，緩解一下她的情緒吧。

「我們班上的江皓武說我是沒人要的小孩。」希媛扁著嘴，快要哭

了。

「他胡說，妳怎麼會是沒人要的小孩呢？妳可是爸爸的寶貝啊！爺爺奶奶也很疼妳啊！」周常生趕緊安撫她。

「可是他說媽媽是因為不要我了才和爸爸離婚的！」希媛還是哭出來了。

「希媛，媽媽和爸爸離婚，只是因為媽媽和爸爸的感情不好了，並不是媽媽不要妳了。」周常生一邊幫希媛擦眼淚一邊說。

……

周常生哄了很久，希媛才終於止住了眼淚啜泣著，跟著周常生回家了。他們到家的時候，希婷和希婧都已經回來了。周常生趕緊把希媛交給希婷和希婧，自己做飯去了。

希婷和希婧領著希媛回房間換衣服。希婧忽然發現了希媛的異樣：

「小妹，妳今天哭過嗎？」

「嗯，剛剛哭過。」希媛點點頭。

「為什麼？發生了什麼事情？」希婷問。

希媛便嘟著小嘴，把今天發生的事情再說了一遍。

希婧一個爆栗敲到希媛的頭上，說：「小笨蛋！」

希媛可憐兮兮地抱著頭，看著希婧，「二姐，妳為什麼要打我？」

「人家說妳，妳就不會反駁嗎？妳有爸爸、有兩個姐姐、還有爺爺和奶奶，妳怎麼會沒人要。媽媽走了又怎麼樣？沒有媽媽我們也能生活得很好！而且媽媽又不是真的不要我們了，她不是還會打電話給我們嗎？」希婧的脾氣真的很火爆。

「嗯，對，媽媽還會打電話給我的。她沒有不要我。」希媛好像找到了一點安慰，自己對自己點點頭。

不過希婧沒打算就這樣放過她，繼續說道：「希媛，妳想要快點懂事、快點長大嗎？」

「想！」希媛揚起小臉，掰著指頭想：如果長大了就可以幫爸爸做多多的事情，讓爸爸不用那麼辛苦。如果長大了就可以去找媽媽，問她為什麼要和爸爸離婚。離婚不好，因為離婚了希媛就很難見到媽媽了。如果長大了還可以賺錢，用錢可以買到很多的糖果，給爺爺奶奶吃……

長大的好處太多了，十個手指頭都不夠用呢！

「好。如果妳想快點懂事，快點長大，二姐有些方法，妳要不要學？」希婧靈光一閃。

「我要學。二姐你教我！」希媛堅定地點頭，她是一個好學的乖寶寶。

「嗯。那妳聽著，以後如果妳遇到……妳就……，如果……妳就……」希婧給希媛洗腦。

「謝謝二姐，我懂了！以後我都會自己解決，不會再讓爸爸傷心了！」希媛鄭重地保證，「我一定會記住今天的事。我要向二姐學習，將來我要向今天輕視過我的所有人證明，我沒有媽媽教也一定可以成為比他們大多數有媽有爸的孩子更優秀的人！」

「這樣就對了。有這種脾氣的人才是我的好妹妹！」希婧拍拍希媛的肩膀，滿意地點點頭。

希婷在一旁無語。

# CHAPTER 6 單親也可以是一個溫暖的家

一九九X年X月X日，今天是希媛二年級下半學期的最後一天。

學校要開家長會，但是周常生要上班，來不了。周常生向她道了歉，希媛告訴他沒關係。本來周常生說要讓爺爺來幫希媛開家長會的，但是爺爺奶奶家住得好遠，他們年紀大了，身體不好，希媛便拒絕了。只說等周常生加完班之後，給老師打個電話就行了。

下午四點五十分，家長會就要開始了，所有同學的家長都到了——除了希媛。老師走到希媛的座位面前問她：「希媛，妳爸爸今天來不了嗎？」

希媛點點頭，很懂事地說：「嗯，爸爸要上班，請不到假。他下班之後會打電話給你。」老師摸了摸希媛的頭，然後走上講臺去，宣佈家長會開始。

家長會的第一項內容，就是領取這學期期末考試的成績單——這是一件有人歡喜有人愁的事情。

老師說：「周希媛，妳的數學成績退步了哦，要注意了。」希媛拿著自己的成績單，點點頭。的確是退步了，上次都是一百分，這次粗心了，只考了九十五分。本來這並沒有什麼，但是在她走下講臺的時候卻聽見了同學家長的竊竊私語：「聽說這個周希媛是沒有媽的，她媽把三個女兒都丟給她們老爸，就跑了。」「怪不得，沒有媽管著，成績肯定會退步。」希媛看了她們一眼，用眼神告訴她們——請不要當著我的面，講我們家的八卦。

「長得還挺可愛，誰知道居然這麼沒教養，拿這種眼神看人。沒媽教就是不行！聽說她二姐更潑辣，還會打人的。」「天吶，她爸跑到哪去鬼混去了，都不管管他的孩子嗎？」

「妳們說什麼？」周希媛兩步走到她的面前，一拍她們的桌子吼道：「說我問題不大，但是說我老爸和姐姐就不行！」

「周希媛，妳做什麼？」老師被希媛嚇了一跳，她在講臺上太遠了，沒有聽到那兩個人講的話。

「誰家的孩子這麼沒教養的！」其中一個女人說。希媛覺得她說這句話是故意的，剛剛她還說過希媛的名字，現在又問是誰家的孩子，什麼啊！

「我是周家的！當著我的面講我們家的壞話，妳才是沒教養的！」希媛故意用教室裡所有人都能聽見的音量說。

「唷，嘴巴這麼厲害。剛剛你們老師還說妳成績退步了，還不是欠媽媽教啊？」她成功地被激怒了。

希媛只平靜地說了一句：「我的成績就算退步了也比妳的孩子考得好。」沒有說出來的是：而且如果有妳這樣的媽，還不如沒有媽。

旁邊已經有一些稍微看不過的家長對她一個大人還和希媛一個小孩子吵架的行為表示不滿了，更何況這個家長會還在開著呢！老師在講臺上清了一下嗓子，說：「那位家長，請注意您的身分和說話，我們還在開家長會。周希媛，趕快回妳的座位。」

「是的，老師。」希媛乖乖地走回座位坐下，背挺得筆直，就像一個驕傲的公主——雖然心裡還是有那麼一點小小的落寞。甩甩頭，她在心裡為自己做了一個「V」的手勢，再補充了一句「謝謝二姐」……

家長會終於結束了，希媛收拾了書包，慢慢地往家走。到家打開門，卻看見周常生板著臉坐在沙發上看著她。

希媛怯怯的叫了一聲：「爸，我回來了。」我應該沒有犯什麼錯啊？老爸的表情為什麼這麼凶，難道是因為數學成績退步了？

「過來，站到我跟前來。」周常生的周圍彌漫著一股低氣壓。

希媛一步一步向周常生靠近，她在心裡把她知道的所有中國的神仙、菩薩，外國的耶穌、聖母全部問候了一遍，祈禱老爸千萬別做出什麼「懲罰」的行為——體罰小孩是犯法的！希媛覺得自己至少花了一個世紀那麼久的時間，終於還是走到了周常生的面前。她低著頭，看著周常生的腳，不敢抬起來。

忽然，周常生一把抱住了她：「希媛，妳實在太可愛了！」

希媛傻眼了……這是什麼狀況？

周常生把希媛從懷裡放鬆一點，問道：「聽說妳今天再家長會上和別的同學的家長吵架了？」

「哦，原來是那個事情啊。」希媛恍然大悟，「其實也不算吵架啦，就是實在聽不下去了，回敬了那兩個阿姨幾句話而已。」

「以前別人說妳的時候，妳都只會哭紅鼻子的呢！什麼時候變得這麼能幹了？」周常生笑著問。

「嘻嘻，二姐教得好啊！」希媛也不客氣。

「還是爸爸不好，如果今天爸爸再堅決一點，把假請了，去幫妳開家長會，妳就不用受委屈了。」周常生摸摸希媛的頭。

「老爸，我一點都不覺得委屈呢！」希媛認真地說，「我覺得二姐說得對。我又沒有缺胳膊少腿，我為什麼要覺得自卑。我長得可愛，頭腦又聰明——呃，雖然有時候有點迷糊。我有愛我的爸爸、姐姐、爺爺、奶奶，我們老師也很喜歡我哦，還有很多男同學也喜歡我……我簡直就是人見人愛，我不覺得我有什麼不如別人的。我考試發揮失常，退步了一點點，是學生都會有這樣的情況啊。憑什麼我靠得不好就要說我是因為沒有媽媽？那他們好多人有媽媽的，還一直沒我考得好呢！而且，如果我有一個媽媽像今天家長會上那個阿姨那樣，我寧可不要媽媽。老師教了我們一個成語，叫『上梁不正下梁歪』。如果媽媽都是那種沒水準的樣子，那她的孩子遲早會變得和她一樣。我才不要當個沒水準的人！」希媛嘟起小嘴說。

周常生覺得這個小丫頭尾巴翹得太高了，決定逗逗她，：「那妳和沒水準的人吵架，妳是不是也算沒水準呢？」

「才不是呢！」希媛掙開周常生摟著她的手臂，跳上沙發，「我這叫做『正當防衛』！有水準的人不會主動和人吵架，也不會和比自己弱勢的人吵架。但是她是大人，當著我一個小孩子的面說你和姐姐的壞話，她就是在欺負我。大人欺負小孩，怎麼說都是她不對。而且，如果被別人欺負到了頭頂上還不知道反擊，那不叫有水準，那叫懦弱的傻瓜！」

周常生眯著眼睛看著希媛，說：「這些話又是你二姐教的？」

希媛突然有點氣短：「是二姐教的，但是我自己也有想很多噢。」

「希媛，妳長大了。」周常生語重心長地說。

周常生是一個老好人，遇到事情的時候，一般情況下他從來都只會忍一忍就過去了，從前他也一直是這樣教育女兒們的。可是，太多的事實證明，有的時候，人必須要表現得強悍一點。人必須要有自己的原則，有一塊屬於自己的天地是不能被別人侵犯的，比如女兒們一定不能被別人欺負！再老實的人也會有脾氣，是父親都不會容忍別人欺負自己的孩子！但是父親沒有辦法隨時都在孩子的身邊保護他們，所以孩子能夠學會堅強，學會自己保護自己也是很重要、很好的事情。

「爸爸，我還會長得更大。總有一天我會強大到不僅可以保護自己，還能保護你和姐姐。以後我就不用二姐教我，要反過來，我教她！」希媛撲進周常生的懷裡。

「好，那爸爸就等著你長大，來保護爸爸不被人欺負……」周常生笑了。

**單親老爸的幸福策劃**

單親老爸自己要堅強，也要教孩子們學會堅強。

*~ "L" is for the way ~*

*~ You look at me ~*

*~ "O" is for the only ~*

*~ one I see ~*

*~ "V" is very, very ~*

*~ extraordinary ~*

*~ "E" is even more than any one that you adore ~*

*~ And Love is all that I can give to you ~*

……

# CHAPTER 6 單親也可以是一個溫暖的家

這是一部譯名為《天生一對》的美國電影主題曲，老片子了。電影講的是夫婦兩人生下一對雙胞胎姐妹之後，因為一些衝突離婚了。離婚的時候他們分別帶走了一個孩子。而這兩個孩子從小就以為自己是獨生子女，並不知道自己其實還有一個雙胞胎姐妹。直到有一天，機緣巧合，這對離異的父母居然把她們兩個送到了同一個夏令營。

兩個孩子在夏令營裡產生了一系列的衝突，卻發現了兩人原來是雙胞胎姐妹。為了能和她們從來沒有見過的另一個至親見面，她們悄悄地互換了身分，走進了對方的家庭而發生了一系列搞笑又溫情的事件。最後，她們還促成了離異父母的再婚。從此他們全家幸福的生活在一起……

電影裡面，周常生最喜歡的一段對白是由媽媽帶大的那個女兒，在身分交換之後初次和自己的父親相見，因為難以抑制內心的歡喜，所以說每句話的時候都會不由自主地叫一聲「爸爸」。父親很奇怪，問她：「妳幹嘛每句話都要說聲爸？」

女兒回答：「抱歉，我不知道我講話是那樣子的，爸爸……抱歉，爸爸。你想知道為什麼嗎？爸爸。」

「因為妳太想念老爸了？」

「沒錯，我這輩子——我是說這八個禮拜，都沒機會叫一聲爸。父親在女兒心目中的地位難以取代。想想看，這就是父親節存在的理由。想想沒有爸爸的生活：不能坐在爸爸懷中撒嬌，或說聲……爸，你好嗎？或是……爸，待會見。畢竟嬰兒學會的第一句話就是爸爸啊！」

「讓我弄清楚，妳現在很想叫我爸？」

「我真的很想，爸爸。」

░░░░░

「老爸，你又在看《天生一對》？還真是百看不厭呢！」希婷到客廳來給自己倒杯水，卻看到周常生又在看他的第一〇一遍電影。

「好看嘛。」周常生嘴裡答話，眼睛還是一動不動盯著電視螢幕。

「讓你能找到同樣是單親家庭的共鳴嗎？不能吧？人家的家裡可是都有管家的哦！」希婷開老爸的玩笑。

「笨蛋，愛！愛才是重點！孩子對父母的愛，父母對孩子愛！」周常生重重地敲了一下希婷的頭。

「是，是，愛才是重點！別敲我的頭啊，好痛的。要是敲傻了你就慘了……」希婷嘟嘟囔囔的抱怨道。

「妳還是不懂……」周常生不和希婷鬧了，只是作出很無奈的樣子歎了一口氣。

「我不懂什麼？」希婷把頭探到周常生的旁邊，看著他的側臉，周常生不理她。「老爸，我不和你開玩笑了，你說嘛。」

「……我很喜歡看這部電影，是因為片子裡那兩個小女孩兒也是單親家庭裡的孩子。可是她們並沒有因為缺少了母親或者父親就過得比別人差，或者不如別人。相反，她們兩個往往還是一群同齡人中的佼佼者。在我心目中，妳們三個也一樣，妳們比別人更優秀。因為妳們在不完整的家庭裡成長需要比別的孩子克服更多的困難，付出更多的努力。」

「老爸，你沒有聽說過嗎？據說從某些角度來看，在單親家庭長大的孩子會更懂得表達愛，更懂得珍惜愛呢！因為從小就有所缺失，所以我們更懂得主動爭取和感恩。

這部電影裡面，我最喜歡裡面的情節就是兩姐妹跟著爸爸，還有她們的準後母去露營。在她們故意把她們的準後母被捉弄的很慘之後，準後母對著她們的父親拋下一句：『只要我們一結婚，我就要把她們送去瑞士。我或者她們，你自己選！』而那個父親微笑著，毫不猶豫地說：『我選她們。』兩個女兒在聽到她們的老爸這樣堅定地回答的時候，臉上的表情是那麼開心……你知道為什麼嗎？」

周常生表情有點異樣：「為什麼？」

「因為，我還記得你為了我們做過類似的事情。」希婷平靜地說。

周常生有點詫異：「妳還記得？不對，我應該問，妳怎麼會知道？我記得我當時並沒有告訴過妳們。」

「那個時候，我無意間聽到你講電話了。聽見那個阿姨說她真的很無奈，她能接受我們，但是我們不接受她，她也沒有辦法。所以希望你要嘛把我們都送到寄宿學校去，要嘛她就和你分手。」希婷低著頭，笑了笑，「雖然我不記得那個阿姨的名字了，但是我還記得她當時的樣子。其實她並沒有什麼不好，對我們也不錯，但是那個時候我們都還不能接受一個新的女人進入我們的家庭，所以處處針對她。想想她也挺可憐的，她應該是真心想和你在一起的，不然也不會讓你做那樣的選擇。老爸，為了我們，你真的是犧牲和放棄了很多……」希婷還是有些感慨。

「傻瓜，過去的就已經過去了。而且就算她之前再好，但是她提出了那樣的要求，無論如何我也不會和她在一起了。因為沒有任何人可以取代妳們在我心裡的位置。關係到妳們的事情，就是我的底線，是不容許去碰觸的。更何況，我們現在不是生活得挺好的嗎？你和希婧都有了一份體面的工作，希媛也順利地開始念大學，我還遇見了佳芬，老爸覺得自己很幸福，對現狀很滿意。」

「相比之下，林姨當然要好得多。只是你還是為了我們孤獨了這麼多年……」

「有妳們天天圍在我身邊，我忙都忙不過來呢，哪有時間去孤獨啊？」周常生覺得氣氛太凝重了，便開始打趣了。

「那倒是。」希婷附和道，「我們三姐妹可是這個區出名的三朵花，追我們的人都從街頭排到街尾了，你哪兒能閒啊？」

「妳就繼續臭美吧妳！我要告訴David，叫他小心妳會爬牆。」

「老爸，還要找人告狀就過分了啊！」

……笑鬧中，時間彷彿就這樣過去了。只是，希婷並沒有說，她也喜歡看《天生一對》的另一個原因是那個美滿的大團圓結局……

林佳芬的兒子工作很忙，一個月下來也沒有幾天能在家吃飯的。所以，自從周常生和林佳芬的關係穩定之後，周常生便時常把林佳芬叫過來，一起吃飯。當然，林佳芬並不好意思總是白吃白喝，她便時常自己買了菜過來做。今天，又是林佳芬買菜下廚。希婷下班到家的時候，周常生正舒舒服服地窩在沙發上看電視。

「老爸，今天又是林姨做菜嗎？」希婷一邊換鞋一邊問。

周常生眼睛盯著電視，頭也不動，「是啊，你林姨在炒菜。」

兩人剛說了幾句，廚房裡面傳出了林佳芬的聲音：「老周，醬油用完了，快幫我下樓買一瓶！」

「好，我馬上就去。」周常生扯著嗓子回答。

「我去吧，反正我還沒有換衣服。」希婷一邊說又一邊把鞋再穿上就出去了。也不管周常生在背後絮絮叨叨地勸阻：「希婷，妳快回來！妳上了一天班，累了！老爸去就行了！」

超市就在樓下的社區門口，很近，也不過就是兩分鐘的路程。買好醬油，拿在手裡，希婷開始往回走，可是卻越走越慢——為什麼心裡會好像卡著一塊東西那麼難受呢？忽然，希婷恍然大悟，自嘲地笑了笑。小時候她也經常到樓下幫媽媽買醬油呢！老爸也每次都會在背後喊：「希婷，妳快回來！妳上了一天課，累了！老爸去就行了！」

原來，是一個類似的歷史重演的小橋段。原來，自己還會覺得難受。原來，即使自己平時再怎麼做出無所謂的樣子，實際在內心還有那麼一團小小的火苗沒能熄滅——希望在樓上做著菜，叫人幫她買醬油的那個人是自己的媽媽。

也許所有的單親家庭的孩子都做過這樣的夢：忽然有一天，爸爸、媽媽手牽手，高高興興地帶著自己出去玩。告訴自己，爸爸、媽媽和好了，又重新在一起了。爸爸、媽媽不會再吵架了，我們一家人會快快樂樂地生活在一起！希婷、希婧和希媛小時候也都做過這樣的夢，可惜，這永遠也都只是一個夢。

希婷以為，自己早已放下了這種期望，卻忘記了這是作為孩子的一種最原始的本能。即使自己曾經對父母之間的爭吵深惡痛絕，為了他們之間惡劣的關係和無窮無盡的吵鬧獨自躲在被窩裡，流淚到天亮。她甚至不能否認——曾經，在爸爸宣佈他和媽媽終究還是離婚了時候，內心深處還有那麼小小的一點終於解脫了的感覺。她以為，現在的自己是完全希望爸爸和媽媽都能重新找到屬於自己的幸福的……

在內心小小的糾結和混亂中，希婷又走到了家門口。門沒有關，周常生就站在門口等著她，滿臉都是笑容地接過希婷手裡的醬油，嘴裡還在叨念著：「快去換衣服，出來就可以開飯了……」

即使自己的內心還有一點點期望又怎麼樣呢？最重要的是老爸幸福的笑容啊！只要老爸自己喜歡就行，只要林姨對老爸好就行！中國的古話總是說「兒孫自有兒孫福」，其實這句話套用在父母的身上也一樣可以。做兒女的，能給的就只是祝福……

# CHAPTER 6 單親也可以是一個溫暖的家



**單親老爸的幸福策劃**

如果可以，請儘量給孩子一個完整的家。如果實在不行，也請理解孩子內心的那些矛盾。

# 18 單親也幸福



又是一個下著小雨的、陰冷的天氣，周常生一個人撐著一把格子傘走在回家的路上。路上的行人很少，有風吹過的時候，他也會不由自主地聳聳肩膀、拉拉衣領。仔細一看，卻發現周常生的臉上一直掛著微笑，嘴巴裡甚至還在哼著最近練習過的曲子……快要過年了呢！

今天晚上，周常生的家裡會有一個小小的家宴。大廚是三對「小朋友」——哈哈，現在不只是希婷，希婧和希媛也都已經名花有主了！今天是除了David以外的另外兩個準女婿第一次上門，周常生能不高興嗎？而且今天晚上林佳芬也會過來和他們一起吃飯。之前本來還叫了佳芬的兒子來，可是誰知道他臨時說要去他女朋友家見家長，不能來了。這件事情讓周常生小小地失望了一下，因為和佳芬在一起也有大半年了，但

# CHAPTER 6 單親也可以是一個溫暖的家

是對佳芬這個兒子居然還只是只聞其聲，未見其人。周常生甚至懷疑她的兒子是不是不喜歡自己和佳芬在一起。在林佳芬一再地保證絕無此事之下，周常生才勉強相信。不過也還好，今天見不成，以後總有機會的。

終於到家了，周常生在門口抖了抖雨傘上水，打開了門。

「爸，你回來了！林姨都已經過來好一會兒了，快進來陪她吧！」希媛迎了出來。

林佳芬也走到門口來，接過他手裡的傘，拿到陽台滴水。

「爸，我來給你介紹一下。」希媛紅著臉，把一直站在她旁邊的那個男生推到周常生面前，「他叫江皓文——就是上次告訴你，我們去河邊看煙火的那個江學長。」

「伯父，你好！」江皓文趕緊伸出右手。

周常生也伸出右手，和江皓文握了一下，一臉嚴肅地說：「你好。你多大了？」

「伯父，初次見面，我叫江皓文。我比希媛大三歲。還有半年就要畢業了。我現在在一家出版社當實習編輯。」江皓文畢恭畢敬地自我介紹，說完從衣袋裡拿出了一個禮盒，「這是送給伯父的，小小心意，做為第一次登門拜訪的紀念。」

周常生臉上仍然裝得很嚴肅的樣子，心裡其實已經樂開了花——不錯，不錯！長得一表人才，說話做事也很懂禮節……小ㄚ頭的眼光不錯呢！

「老爸！」希媛一巴掌拍在周常生的背上，打斷了周常生的拷問，「你別裝了！做出一副那麼兇神惡煞的表情，把他嚇得手心都出汗了！」

周常生這下可忍不住了，「哈哈」地笑了出來。他拍拍江皓文的肩膀，說：「小夥子，不錯，夠穩重，我都沒有看出來你有一點緊張的樣子，原來你和我一樣是實力演技派！」

「天吶！伯父，你也演得太好了……我都快要忍不住想哭了！」江皓文這下才真的放下心了。

希媛在一邊只是笑，放完傘過來的林佳芬見到這一幕，也笑得合不攏嘴。周常生真是個老頑童！

「對了，希媛，你大姐、二姐還有她們的男朋友呢？」笑完之後，周常生問道。

「他們四個人都在廚房啊！他們下午買完菜回來就把自己關進了廚房到現在都還沒有出來過呢！」希媛回答，「而且還不準我們進去！」

「那妳見到妳未來二姐夫的樣子了嗎？」周常生現在對這個最感興趣。

「見到了——等於沒見到！」希媛翻個白眼。

「為什麼？」林佳芬對希媛的話也感到很奇怪。

「不知道二姐和二姐夫在搞什麼，神神祕祕的。二姐夫來的時候穿著立領的大風衣，帶著帽子，帽簷壓得低低的，還用圍巾遮住臉。進了門也不脫風衣，不摘帽子和圍巾。我追著讓他脫下來，二姐還幫他掩護，把我推開了。然後他們就進廚房了。所以，我只知道他個子挺高的，樣子完全沒看到，還不是見了等於沒見！」希媛沒好氣地說。

「就是，我也覺得這個未來二姐夫的行為怪怪的。」江皓文在旁邊幫腔。

「算了，管他是怎麼回事。反正一會兒就知道了。總不至於他吃飯還能遮住臉吧。」周常生倒也想得開，「佳芬，來，吃水果。」

「老爸、林姨，你們好甜蜜啊……」希媛笑著揶揄他們。

「去、去、去……誰不知道你們年輕什麼肉麻的話都說，少在這裡拿我們尋開心！」周常生現在「護內」可是護得緊。

林佳芬在一邊只是笑……

「各位女士、先生們，準備開飯了！」希婷端著菜第一個從廚房走了出來。

接下來是David、希婧，還有希婧的神祕男友……

「二姐夫，你終於捨得把臉露出來了。沒有缺鼻子少眼睛嘛，剛才幹嘛遮得那麼神祕……」希媛說著，忽然頓了一下，「咦，二姐夫，我是不是以前在哪見過你？怎麼覺得有點眼熟呢？」

「妳當然應該見過了，就住在隔壁，碰見過的機率是很高的。」林佳芬走到最前面，一拳頭打在希婧的男朋友身上，「你這個孩子，連你媽都瞞著，看我晚上回去怎麼收拾你！」

「媽，請注意一下妳溫柔的形象。」他一邊說，一邊躲到希婧的身後，避免林佳芬再給他第二拳——原來他竟然是林佳芬的兒子。

他站在希婧的身後，探出一個頭來，笑著對周常生打招呼：「伯父，你好，我叫 Tim。我是希婧的男朋友，也是你女朋友林佳芬的兒子。拖了這麼久才來見你，是我不對，一會兒我先自罰三杯，希望伯父你不會介意。」

周常生笑得合不攏嘴，「好，好，只要你把自己灌醉了才走，我就不介意了！」這親上加親可是件好事。

林佳芬可不幹了，「你把他灌醉了，回去我可還得要照顧他！不行！」

「媽，妳傻了吧！妳未來的兒媳婦兒就在隔壁呢，這麼好的資源妳都不會利用啊？妳不想照顧我，就叫她過來照顧我不就好了？」Tim 笑著說道。

「你想得美你！」婆媳兩人同時給了 Tim 一拳，然後相視一笑——第一次婆媳合作成功！

「快坐下來再說吧！再不開飯，菜該涼了！」希婷和 David 已經很自覺地入座了。

大家笑鬧著，紛紛坐下來，開始吃飯。

Tim果真一來就先自罰了三杯，飯桌上的氣氛一下子熱鬧了起來。另外兩個準女婿也不甘心被Tim搶了風頭，一個接一個地向周常生敬酒。剩下的四個女人也懶得管他們，只顧自己聊天吃菜。希婧忽然想到了什麼，對希媛說：「希媛，妳說妳的男朋友是叫江皓文，對嗎？」

「是啊。」希媛嘴裡嚼著東西，含糊不清地答話。

「快問問他，是不是有一個弟弟叫江皓武！」希婧說。

希媛咽下嘴裡的菜，轉過身，拍拍江皓文，「喂，我二姐問你是不是有個弟弟叫江皓武？小時候在XX幼稚園上學。」

江皓文轉過來，奇怪地對希婧說：「妳怎麼知道？」

「原來真的是你弟弟啊！我想說名字怎麼那麼像！」希婧火爆的說，「你也要自罰三杯，因為你弟弟小時候欺負過我們家希媛！居然敢欺負他未來的嫂子，這下他死定了。」

江皓文一頭霧水。

「哦，我想起來了！就是那個說我是沒人要的孩子的江皓武，對不對？」希媛忽然反應過來。

「對了，就是他！」希婧很高興希媛終於記起來了。

「到底是怎麼一回事啊？」江皓文還是沒有明白。

「事情就是這樣的：我和你的弟弟是幼稚園的同學。他不知道從哪聽到了我爸媽離婚的消息，然後就笑我，說我是沒人要的小孩，把我氣得大哭了一場。還害得我爸爸、大姐和二姐都很不開心。你說，我是不是沒人要的小孩啊？」希媛用一種你敢說「是」就死定了的表情看著江皓文問道。

「有人要，當然有人要。我搶都還嫌搶不過來呢，怎麼會沒人要！」江皓文趕緊討好道。

「那未來小妹夫，你說這個事情要怎麼辦呢？」希婧唯恐天下不亂。

「我認罰總行了吧。改天我再把皓武帶過來，給你們當面道歉！」江皓文的內心很無奈自己怎麼有這麼一個能惹事的弟弟？居然惹到了自己未來老婆的一家子人。這個時候只能唱一首歌：世界真是小小小，世界真是小小小……

「好！夠爽快。」希婧江湖氣地說，「希媛，妳找的這個男人不錯！」

「那當然了，也不看看是誰挑的！」希媛可是一點也不懂得害臊。

看著這些鬥嘴的孩子們，周常生和林佳芬握著手，相視一笑……

一屋子的人，大半卻都來自單親家庭。單親爸爸、單親媽媽、在單親環境下長大的孩子們。可是每一個人的臉上都洋溢著溫暖、幸福的笑容——單親就一定會過得很淒慘、很悲涼嗎？當然不是！

周常生年紀大了，可比不得桌上的年輕人，幾杯酒下肚，臉也紅了，頭也暈了。站起來走幾步，輕飄飄地，好像踩在雲上。晃晃悠悠地走到沙發前，周常生把自己重重地摔進沙發裡，開始忍不住地傻笑。

林佳芬給他泡了一杯醒酒茶，周常生捧著杯子，慢慢地喝下去。溫熱的茶水，順著喉嚨一直流到心裡，一路暖暖的感覺。周常生想起自己念小學的時候，語文書上面的一句話：「一股暖流流入了我的心田」。他笑得更開心了。

林佳芬忍不住拍了一下他的臉：「這麼大把年紀了，還一直傻笑。

也不怕笑起來臉上的皺紋都可以把蚊子夾死了！」

周常生抓住林佳芬的手：「別以為我喝醉了就可以唬弄我，我知道這是冬天呢！哪兒來的蚊子？」

「那你在傻笑什麼呢？」

「人生啊，有那麼多的苦難，可是它還是能讓人忍不住地想幸福地笑出來呢……」周常生喃喃地說完後就睡著了，臉上還帶著化不開的笑容。

**單親老爸的幸福策劃**

愛是一個家庭幸福的基礎。只要我們有愛，就一定能幸福！

正面思考 70

# 老爸的幸福一元起標：讓老爸的價值越來越高

作　　者　殷樂遙
出 版 者　大拓文化事業有限公司
執行編輯　賴美君
封面設計　林鈺恆
內文排版　姚恩涵

總 經 銷　永續圖書有限公司
劃撥帳號　18669219
地　　址　22103 新北市汐止區大同路三段一九十四號九樓之一
TEL　（○二）八六四七—三六六三
FAX　（○二）八六四七—三六六○
E-mail　yungjiuh@ms45.hinet.net
網　址　www.foreverbooks.com.tw

CVS代理　美璟文化有限公司
TEL　（○二）二七二三—九九六八
FAX　（○二）二七二三—九六六八

法律顧問　方圓法律事務所　涂成樞律師

出 版 日◇二○一九年十一月





國家圖書館出版品預行編目資料

老爸的幸福一元起標：讓老爸的價值越來越高 /
殷樂遙著. -- 二版. -- 新北市：大拓文化, 民108.11
面；　公分. -- (正面思考；70)
ISBN 978-986-411-106-0(平裝)
1.父親 2.親子關係 3.單親家庭

544.141　　108015460

TALENT Tool

大大的享受拓展視野的好選擇

大拓 Talent TooL

永續圖書線上購物網
www.foreverbooks.com.tw

謝謝您購買 老爸的幸福一元起標：讓老爸的價值越來越高 這本書！

即日起，詳細填寫本卡各欄，對折免貼郵票寄回，我們每月將抽出一百名回函讀者寄出精美禮物，並享有生日當月購書優惠！

想知道更多更即時的消息，歡迎加入"永續圖書粉絲團"

您也可以利用以下傳真或是掃描圖檔寄回本公司信箱，謝謝。

傳真電話：（02）8647-3660　　信箱：yungjiuh@ms45.hinet.net

---

☺ 姓名：　　□男　□女　　□單身　□已婚

☺ 生日：　　□非會員　　□已是會員

☺ E-Mail：　　電話：（　）

☺ 地址：

☺ 學歷：□高中及以下　□專科或大學　□研究所以上　□其他

☺ 職業：□學生　□資訊　□製造　□行銷　□服務　□金融

□傳播　□公教　□軍警　□自由　□家管　□其他

☺ 您購買此書的原因：□書名　□作者　□內容　□封面　□其他

☺ 您購買此書地點：　　金額：

☺ 建議改進：□內容　□封面　□版面設計　□其他

您的建議：